Brigitte Wilmes-Mielenhausen

Schlauzwerge

fühlen hören sehen in der Krippe

Brigitte Wilmes-Mielenhausen

Schlauzwerge

fühlen hören sehen in der Krippe

Wahrnehmungsförderung für Kinder von 0–3 Jahren

Mit Illustrationen von Antje Bohnstedt

HERDER

FREIBURG · BASEL · WIEN

Erläuterung der Symbole:

+2 Altersangabe in Jahren

Einzelbeschäftigung

Kleingruppe (2–3 Kinder)

Spielort drinnen

Großgruppe ab 4 Kinder (max. 12 Kinder)

Spielort draußen

Im Interesse der besseren Lesbarkeit und weil Frauen in frühpädagogischen Berufen prozentual stärker vertreten sind als Männer, wird in diesem Buch stets die Leserin angesprochen und auch meist die weibliche Form verwendet, wenn von pädagogischen Fachkräften die Rede ist. Selbstverständlich sind damit aber immer Leser und Leserinnen bzw. männliche und weibliche Fachkräfte gleichermaßen gemeint.

FSC
www.fsc.org
MIX
Paper from responsible sources
FSC® C010798

www.herder.de

Umschlaggestaltung: SchwarzwaldMädel, Simonswald
Illustrationen außen und innen: Antje Bohnstedt, Bretten-Sprantal

Satz und Gestaltung: Arnold & Domnick, Leipzig
Herstellung: Graspo CZ, Zlín
Printed in the Czech Republic

ISBN 978-3-451-32593-9

Inhalt

Einleitung

WAHRNEHMUNGSRÄUME FÜR DIE JÜNGSTEN

Raumgestaltung

Da Krippenkinder vor allem durch Wahrnehmung und Bewegung die Welt erkunden und frühkindliche Lernprozesse über unterschiedliche „Sinneskanäle" laufen, sollten die Räume einladend und sinnesfreundlich gestaltet sein.
Ein passendes Raumkonzept fördert die Entfaltung folgender Sinnesfunktionen:

Sehen (visuelle Wahrnehmung)
Tageslicht (ausreichend Fenster, Glastüren) ist immer besser als künstlich erzeugtes Licht. Anstelle starrer Deckenlampen und Raster-Leuchten mit gleichförmigem Licht sollten Sie einzelne Strahler, Wand- und Hängelampen wählen, die sich separat einschalten und regulieren lassen. Spiegel in Kinderhöhe verstärken die Selbst- und Fremdwahrnehmung kleiner Kinder.

Hören (akustische/auditive Wahrnehmung)
Wenn es in Räumen sehr hallt bzw. wenn die Gruppe sehr laut ist, wirken spezielle Schallschutzdecken isolierend. Besser als lackierte Möbel sind Schränke, Tische und Stühle aus naturbelassenem Holz. Auch grobe Gardinen, Vorhänge, gespannte Segel aus dichten Stoffen, ein Teppich in einer Ecke, Matten, Raufasertapeten schlucken den Schall. Denken Sie daran: Zu viel Schall erschwert die differenzierte Wahrnehmung zwischen Geräuschen und Tönen.

Tasten (taktile Wahrnehmung)

In Kinderhöhe können Sie z.B. eine Tastwand gestalten, die zum Berühren einlädt. Eine Kreativecke (Atelier) mit Farben, Ton, Malwänden, Staffeleien und einfachen Werkzeugen (z.B. Holz, Hämmer, Nägel) ermöglicht Materialerfahrungen und kreatives Ausprobieren. Waschräume, die auch zum Spielen mit Wasser und Schaum genutzt werden können, werden der kindlichen Leidenschaft für das nasse Element gerecht.

Riechen (oflaktorische Wahrnehmung)

Angenehme Gerüche ziehen durch die Kita, wenn eine Küche vorhanden ist, in der hin und wieder selbst gekocht wird. Auch Möbel, Spielpodeste, Spielzeuge aus naturbelassenen Hölzern, Schaffelle, gesammelte Materialien aus der Natur können zu einem angenehmen Duftklima beitragen.

Schmecken (gustatorische Wahrnehmung)

Leider wird heute oft industriell gefertigtes Essen angeliefert, sodass die Kinder an der sinnesfreudigen Zubereitung von Speisen immer seltener teilhaben können. Allerdings ist es oft möglich, wenigstens hin und wieder mit einer Kleingruppe selbst zu kochen oder zu backen. Standfestes Geschirr aus Porzellan lässt sich besser handhaben als instabiles Geschirr aus leichtem Plastik.

Bewegung (kinästetische) und Gleichgewicht (vestibuläre Wahrnehmung)

Podeste unterschiedlicher Höhe, die sich über Treppen, Leitern, schiefe Ebenen erreichen lassen, dazu ein modellierter Bodenbereich mit Mulden, Erhebungen, Bodenwellen, unterschiedlichen Bodenbelägen fordern zur Bewegung heraus und helfen dem Kind, sich immer wieder mit seinem Körper und der Schwerkraft auseinanderzusetzen. Kinder brauchen im Raum und auf dem Freigelände ausreichende Möglichkeiten zur Anregung des Gleichgewichtes (z. B. Hängematte, Sprossenschaukel, Baumstämme).

Materialien

Die folgenenden Materialien unterstützen die Entwicklung der Sinne und ihr Zusammenspiel.

Vorschlag für die Grundausstattung

Tasten

- Sand (Sandspieltisch)
- Ton, Kleister, (Finger-) Farben
- Planschbecken
- Kisten/Wannen (zum Hineinsetzen mit Materialien wie z. B. Bohnen, Kastanien usw.)
- Schaufeln, Becher, Trichter
- Muscheln, Korken, Kastanien, Nüsse, Federn
- unterschiedliche Papiere
- Schaffell
- Tastsäckchen
- einfache Küchengeräte (z. B. Töpfe, Schneebesen, Schöpfkellen usw.)
- Bürsten
- Teppichfliesen
- Tastbilder
- Kugelbahn, Kreisel, Motorikschleifen

Sehen

- Mobiles
- Luftballons
- Spiegel (-Fliesen)
- Farbwechsellampe
- Taschenlampe
- Kaleidoskop
- Fernglas, Fotoapparat, Lupe
- Bilderbücher, Poster
- Farbwürfelspiel, Einlegepuzzles
- Steckbretter, Sortierboxen

Hören

- Instrumente (z.B. Rassel, Glöckchen, Klangstäbe, Schellenkranz, Triangel, Handtrommel, Holzblocktrommel, Klangschale usw.)
- Kaffeedosen
- Wecker/Klingel
- Spieluhr
- Plastikschläuche, Pappröhren
- CD-Player, (Bewegungs-) Musik

Riechen

- Küchenkräuter
- Riechdosen, Riechsäckchen
- duftende Tees, Gewürze, Kräuter

Schmecken

- Obst, Gemüse (-Kostproben)
- Sprossen/Keime, selbst gezüchtete Fenstertomaten
- Gartenbeet zum Anbau von Kräutern, Gemüse und Beeren
- Keimbox, Mini-Treibhaus
- leere Gläschen und Löffel für Schmeckproben
- Tees, Säfte

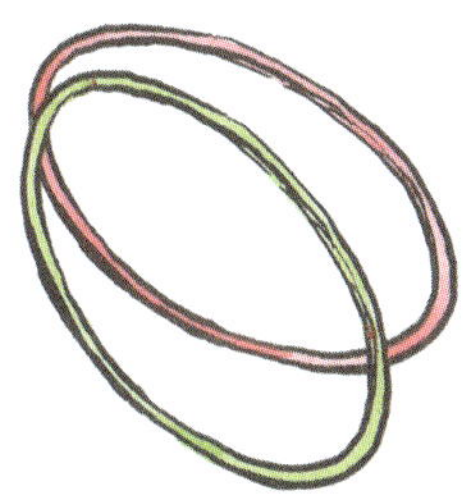

Bewegung, Gleichgewicht

- Bälle
- Tücher, Reifen
- Sitzschaukel, Hängematte
- Schaukelstuhl, Schaukelpferd
- Rutschauto, Sitzroller
- Rollbrett, Mini-Trampolin, Balancierbrett
- Kissen, Decken, Matten
- Polster, Luftmatratzen

ENTWICKLUNG DER WAHRNEHMUNG IN DEN ERSTEN DREI LEBENSJAHREN

Schon vor der Geburt sind die Sinne des Kindes funktionsfähig. Nach der Geburt entwickelt sich die Zusammenarbeit (sensorische Integration) zwischen den verschiedenen Sinnessystemen im Verlauf der folgenden Monate durch Übung und Erfahrung.

Im ersten Lebensjahr

Der Tastsinn entwickelt sich im Mutterleib vor allen anderen Sinnessystemen. Für Babys ist die Haut das wichtigste Kommunikationsmittel. Sie erforschen Dinge mit Mund, Lippen und Zunge. Im Zuge der weiteren Entwicklung gewinnen die Fingerspitzen mehr und mehr an Bedeutung.
Das Sehen ist einige Wochen vor der Geburt funktionsfähig, allerdings bei der Geburt in Teilbereichen noch unreif. Säuglinge können nicht nur hell und dunkel, sondern sogar Muster unterscheiden. Dabei bevorzugen sie gesichtsähnliche Muster und vor allem das menschliche Antlitz selbst. In einem Abstand von ca. 20 cm können Babys am besten sehen.
Schon im Mutterleib hören Kinder Geräusche. Kurz nach der Geburt können sie Töne lokalisieren, Tonunterschiede wahrnehmen und Bezugspersonen am Klang ihrer Stimme erkennen. Babys können zwischen verschiedenen Gerüchen unterscheiden und vertraute Menschen an ihrem typischen Geruch identifizieren. Auf süßen und salzigen Geschmack reagieren sie mit Saugreflexen, saure und bittere Nahrung wird deutlich abgelehnt.
Bereits im Mutterleib entwickelt sich der Gleichgewichtssinn und der Bewegungssinn. Der Gleichgewichtssinn koordiniert alle anderen Sinne. Im gesamten ersten Lebensjahr sind Kinder damit beschäftigt, sich mit der Schwerkraft auseinanderzusetzen (z. B. durch Kopfheben, Umdrehen, Rollen, Krabbeln, Aufrichten, Stehen, Gehen usw.).

Im zweiten Lebensjahr

Kinder erkunden nun unermüdlich die Umgebung und experimentieren mit vielen Materialien. Sie räumen Gegenstände ein und aus, stecken Dinge ineinander oder stellen sie aufeinander. Das vermehrte Hantieren verbessert das Greifen und damit die Koordination von Auge und Hand. Die Feinmotorik ist so weit entwickelt, dass Kinder ein paar Bauklötze aufeinanderstellen, mit einem Stift kritzeln und beim Essen Löffel und Tasse halten können.

Jetzt sind viele Kinder in der Lage, Gegenstände nach einem Merkmal (z. B. nach Form, Größe, Farbe) zu ordnen und Formen in eine Sortierbox bzw. ein Formenbrett einzupassen. Sie betrachten erste Bilderbücher und beginnen damit, Gegenstände auf Bildern zu benennen.

Ab Mitte des zweiten Lebensjahres können sich schon viele Kinder selbst im Spiegel erkennen. Sie halten ihr Spiegelbild nicht mehr für ein anderes Kind.

Die Körperwahrnehmung wird differenzierter. Jetzt können Kinder angeben, an welcher Stelle ihres Körpers sie berührt wurden. Sie schätzen ab, wo ihr Körper beginnt und wo er endet und entwickeln damit ein Körperschema.

Kinder lernen das sichere Gehen, übersteigen kleine Hindernisse, steigen eine Stufe frei rauf und runter, steigen Treppen mit Festhalten, hüpfen auf der Stelle, klettern auf Mauern und Podeste.

Im dritten Lebensjahr

Jetzt beginnen Kinder damit, vermehrt zu konstruieren (z. B. backen Kuchen aus Sand und bauen Türme aus Holzklötzen). Dabei verfolgen sie zunehmend eine bestimmte Absicht (Ziel-Perspektive). Einfache Werkzeuge (z. B. Messer, Gabel, Schere, Stifte, Reißverschlüsse, Knöpfe) werden zum Teil schon recht sicher gehandhabt.

Kinder setzen nun ein Puzzle aus wenigen Teilen zusammen, erkennen Bildpaare, spielen Bilderlotto und sehen Unterschiede in Suchbildern. Sie ordnen Dinge nach Merkmalen (z.B. viel – wenig, hoch – niedrig usw.), sortieren Gegenstände nach zwei Merkmalen, verstehen „auf", „unter", „vor", „hinter", „neben" usw.

Mit etwa drei Jahren können Kinder die Grundfarben unterscheiden bzw. benennen (Farbbezeichnungen werden jedoch noch öfters verwechselt – besonders Grün und Blau). Sie können Kinderlieder mit- und nachsingen, Geräusche unterscheiden und zuordnen und erste Instrumente schlagen. Die Entwicklung des Sprachverständnisses und der Sprachproduktion ist in vollem Gange.

Kinder bewegen sich jetzt gern laufend/rennend (beide Beine sind vom Boden abgehoben), gehen Treppen im Wechselschritt, überspringen Seile und Striche, übersteigen Zwischenräumen, können aus geringer Höhe hinunterspringen.

Sie federn und hüpfen, springen auf Matratzen, balancieren über Linien, niedrige und hohe Geräte. Sie stehen kurz auf einem Bein und beginnen damit, Roller und Dreirad zu fahren (Ende dritten Lebensjahres).

Tipps für mehr Wahrnehmung im Alltag mit Kindern

Lassen Sie Kleinkinder selbst aktiv werden und so viel wie möglich frei spielen. Etwas frei und selbstständig zu bewältigen ist für die Entwicklung des jungen Gehirns besonders wichtig (Experimentieren geht vor rezeptivem Lernen).
Ab etwa zwei Jahren können Sie für die Kleinen einige geplante, vorbereitete „Beschäftigungen" anbieten. Dabei sollten Sie viel praktisch erfahren lassen, wenig erklären und immer den Entwicklungsstand, die Bedürfnisse der Kinder sowie die Gruppensituation berücksichtigen.

Beachten Sie: Bei den Kleinsten werden Reize nicht immer in das Sinnessystem integriert, das diese Reize aufnimmt. Manchmal werden Reize durch das Sinnessystem A aufgenommen, aber im Sinnessystem B verarbeitet. So spielt ein Kleinkind vielleicht noch weiter, obwohl das Licht ausgeschaltet wurde. Es „sieht", indem es fühlt.

Betreiben Sie bei Kleinkindern keine isolierte Sinnesschulung, selbst wenn bei den nachfolgenden praktischen Spielvorschlägen die Angebote der Übersicht halber nach Sinnesbereichen gesondert vorgestellt werden. Fortschritte in den sieben Wahrnehmungsbereichen beeinflussen sich gegenseitig. Integrieren Sie Sinnesmaterial in alltägliche Spiel- und vor allem Bewegungssituationen. Bei älteren Kindern können Sie einen Sinn mal bewusst „isolieren" (z. B. Tasten bei geschlossenen Augen).

Die Sinne bilden ein sensibles System. Einseitige „Reizung" und (Über-) Stimulation, wie man es teilweise von der Sonderpädagogik kennt, sind bei normal entwickelten Kleinkindern nicht notwendig.
Sorgen Sie für ausreichend Bewegungs- und Gleichgewichtsspiele. Vertrauen Sie den Fähigkeiten der Kinder beim Schaukeln, Klettern, Springen und Balancieren (Aufsicht ja, Überbehütung nein!).

Taktile Stimulation geschieht u.a. im Hautkontakt zur Bezugsperson. Körpertragen, Kuscheln und Wiegen sprechen den Tastsinn und den Gleichgewichtssinn an. Allerdings sollte gegen Ende des 1. Lebensjahres die wachsende Mobilität des Kindes und sein Drang, selbstständig die Welt zu entdecken, berücksichtigt werden.

Lassen Sie den Raum „sprechen". Manchmal reicht eine kleine Veränderungen (Möbel weg und Matten her!) und ein neues, interessantes Material (Papier, Luftballons), um Interesse und Spielfreude der Kleien zu wecken.
Gehen Sie mit den Kindern so viel wie möglich in die Natur. So können Kinder unter drei Jahren die Jahreszeiten und Elemente mit allen Sinnen erfahren (Sand, Blätter, Schnee, Wasser, Wind ...).

Beobachten Sie die Kinder. Wie viel Anregung bzw. Ruhe benötigen Sie? Kleine Kinder mögen Ruhezonen (Kuschelecke, Ruheraum), vertraute Rituale (Spieluhr vor dem Einschlafen) und einen strukturierten Tagesablauf.
Kinder brauchen Entwicklungszeit. Deshalb nicht vorschnell von möglichen Defiziten sprechen! Allerdings sollten Sie aufmerksam sein, z. B. wenn Kinder nicht auf Geräusche oder visuelle Reize ausreichend reagieren oder wenn die Sprachentwicklung stagniert. Wahrnehmungsstörungen können sich auch in Konzentrationsschwäche, leichter Ablenkbarkeit, Unruhe, motorischer „Ungeschicklichkeit" u. Ä. äußern. Sprechen Sie mit den Eltern und lassen Sie sich eventuell von Fachleuten beraten.

Ich wünsche allen Kindern und mitspielenden Erwachsenen viel Zeit, kindgerechte Räume und interessante Materialien, um genussvoll in die Welt der Sinne einzutauchen und sich in ihrer eigenen Gefühls- und Erlebniswelt berühren zu lassen.

Brigitte Wilmes-Mielenhausen

Fühl einmal

TASTEN, SPÜREN UND BEGREIFEN

Der Tastsinn dient nicht nur der Erkundung und Erfahrung. Er macht es auch möglich, Dinge aktiv zu gestalten und zu verändern. Erkunden geht über die Hände, die Füße, den Mund, die gesamte Hautoberfläche. Mit dem Tastsinn können u.a. Form, Dimension, Oberflächenbeschaffenheit und Konsistenz von Gegenständen und Materialien erfasst werden.

Körper- und Massagespiele

+6M

Bei Kleinkindern nimmt die alltägliche Pflege noch viel Zeit in Anspruch: Anziehen, ausziehen, Windeln wechseln, waschen, kämmen, usw. sind im Tagesablauf wichtige Stationen, die (wenn Zeit genug ist) Anlass für ein kleines Massagespiel bieten können. Brauchen Kinder Trost, so sind Körperspiele eine wichtige Quelle der Beruhigung.

Ei, wie langsam

Ei, wie langsam schleicht die Schlange,	*Streicheln Sie nacheinander:*
streichelt zart die kleine Wange.	*Wange,*
Ei, wie langsam kriecht die Spinn,	
streichelt zart das kleine Kinn.	*Kinn und*
Ei, wie langsam gähnt das Mäuslein	
streichelt zart das kleine Bäuchlein,	*Bauch des Kindes.*
Ei, wie langsam grunzt das Schwein,	
streichelt zart das kleine Bein,	*Streicheln Sie das Bein,*
Ei, wie langsam kriecht die Made,	
streichelt zart die keine Wade.	*die Wade*
Ei, wie langsam schleicht das Reh,	
streichelt zart den kleinen Zeh.	*und den kleinen Zeh.*

Der kleine Floh

+2

Die Kinder sitzen oder stehen im Kreis und singen das folgende Lied vom Floh.

Melodie: Der Plumpsack geht herum

Dreht euch nicht um,	*Ein Kind geht als Floh*
der kleine Floh geht um.	*mehrmals außen um den Kreis herum.*
Du siehst ihn nicht,	
du hörst ihn nicht,	
du spürst ihn nur,	*Der „Flo“ piekst ein Kind sanft*
wenn er Dich sticht.	*in den Rücken und kitzelt es.*

Der kleine Fußweg

+2½

Material: unterschiedliche Teppichfliesen, Bierdeckel oder Deckel von Schuhkartons, Kissen, Bretter, Sand, Muscheln, Kastanien, Rinde, Steine, Nüsse, Seile usw. *Für die Variation:* 6–8 niedrige Kästen oder Kartons jeweils gefüllt mit Sand, Fellen, Korken, Papier, kleinen Holzstückchen, Bürsten usw.

Hier verschiedene Möglichkeiten für einen Barfußweg.
Bitte Strümpfe ausziehen und schon geht's los!

- Legen Sie unterschiedliche Teppichfliesen hintereinander zu einer Straße.
- Legen Sie Bierdeckel oder Deckel von Schuhkartons zu einem Weg.
- Legen Sie 6–8 Kissen hintereinander auf den Boden.
- Bauen Sie einen Weg aus Brettern.
- Bauen Sie im Freien einen Weg aus Sand. Drücken Sie Muscheln, Kastanien, Nüsse, Rinde, glatte Steine ... in den Sand.
- Legen Sie Seile auf die Erde.

Nun dürfen die Kinder barfuß über verschiedene Unterlagen gehen bzw. balancieren.

Variation: Füllen Sie 6–8 niedrige Kästen oder Kartons jeweils mit einem Material (z. B. mit Sand, Fellen, Korken, Papier, kleinen Holzstückchen, Bürsten, Seilen, Schmirgelpapier). Lassen Sie die Kinder von Kasten zu Kasten schreiten.

Hände streicheln Füße

Melodie: Alle meine Entchen

Alle meine Hände
streicheln jetzt den Fuß,
streicheln jetzt den Fuß.
Bringen jetzt dem Papa
einen lieben Gruß.

Über die Fußsohle des Kindes streicheln.
(Der Schwester, dem Bruder usw.)

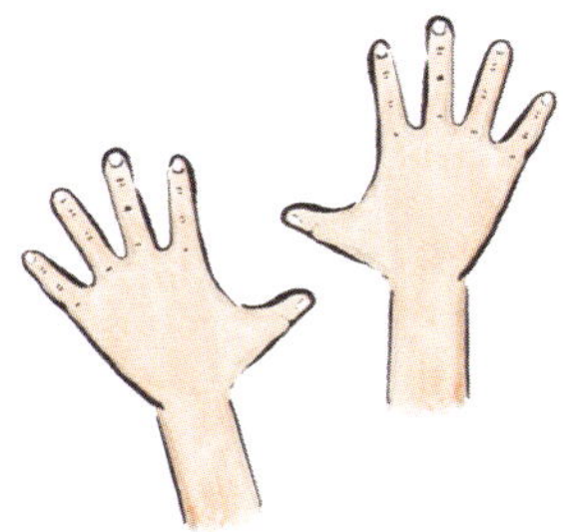

Alle meine Hände
klopfen jetzt den Fuß...

Den Fuß leicht anklopfen.

Alle meine Hände
drücken jetzt den Fuß...

Den Fuß sanft drücken.

Alle meine Hände
trommeln auf dem Fuß...

Auf dem Fuß trommeln.

Alle meine Hände
wringen jetzt den Fuß...

Beide Hände umfassen den Fuß und werden vorsichtig gegeneinander gedreht.

Alle meine Hände
kitzeln jetzt den Fuß...

Den Fuß kitzeln.

Variation (ab 2 ½ Jahren): Ältere Kinder sitzen als Gruppe im Kreis und massieren zu dem Text selber ihre Füße bzw. die Füße des Nachbarn.

Kleine Tiere unterwegs

+2½

Material: Decke

Für die Variation: Igelball, Schal, Handschuh, Mütze, Tuch, Fell

Ein Kind sitzt oder liegt auf einer Decke (Bauchlage). Die Spielleitung lässt ihre Hände über den Rücken des Kindes passend zu dem jeweiligen Tier krabbeln und spricht:
„Jetzt kommt eine Maus", ... „ein Käfer," ... „ein Hase" ... , „ein Floh" usw.

Variation: Jetzt kommen Materialien zum Einsatz, z. B. ein Handschuh (als Maus). Erzählen Sie dazu eine ganz kurze Handlung, z.B.:
„Das Mäuschen krabbelt über den Rücken, holt sich ein Stück Käse, krabbelt zurück, und verschwindet im Mauseloch."
Sie können auch einen Igelball als Igel, einen Schal als Schlange, eine Feder als Vogel oder ein Stück Fell als Katze auftreten lassen.

Hinweis: Wählen Sie zunächst nur ein Tier aus, damit sich die Kinder voll darauf konzentrieren können.

Greifspiele für kleine Hände

+0

Material: nach Wahl z.B.: Gefriertüten (mit Lebensmittelfarbe), Baumwollsocken, Waschhandschuhe, diverse Materialien zum Füllen, z. B.: Nudeln, Erbsen, Bohnen, Perlen, Mehl, Gries, Watte, Wolle, Korken, Nüsse, Kastanien, Glöckchen, Bürsten, Schwämme, Kette aus Perlen oder Knöpfen, Luftballons (gefüllt mit Sand, Mehl oder Kichererbsen), Igel-Bälle, Styroporwürfel (beklebt mit rauen und glatten Stoffen), Küchengeräte (z.B. Sieb, Kochlöffel, Schneebesen...)

Tastmaterialien für die Jüngsten:

- Füllen Sie Gefriertüten mit Wasser und Lebensmittelfarbe. Oder geben Sie Nudeln, Erbsen, Bohnen o. Ä. hinein. Verknoten Sie die Tüten ganz fest. Binden Sie eventuell Glöckchen an die Tüten.
- Füllen Sie saubere Baumwollsocken oder Waschhandschuhe aus Frottee mit Watte, Korken, Nüssen ... Verknoten Sie die Socken bzw. nähen Sie die Waschhandschuhe zu.

- Füllen Sie Socken mit je einem Material aus. Verschließen Sie die Socken oben und unten fest mit einem Band. Binden Sie nun alle Socken zu einer langen Schlange zusammen. Der Kopf der Schlange erhält Knopfaugen und eine lange Zunge aus Filz.
- Geben Sie den Kindern harte oder weiche Bürsten (z. B. Nagel- oder Haarbürsten) bzw. Schwämme (aus festem Material).
- Fädeln Sie dicke Holzperlen, Knöpfe, Kastanien oder Gardinenringe zu Tastketten auf.

Geeignet für ältere Kinder (im 2. Lebensjahr):

- Greifluftballons (bitte nicht aufpusten, sondern mithilfe eines Trichters mit Sand, Mehl oder Kichererbsen füllen – eventuell einen zweiten Ballon von der anderen Seite darüberziehen und fest zuknoten)
- Igelbälle (zum Tasten, Massieren)
- Tastwürfel (alle Seiten eines Styroporwürfels mit Materialien bekleben – z. B. mit verschiedenen Stoffen und Papieren)
- Ungefährliche Küchengeräte (Sieb, Kochlöffel, Quirl, Schneebesen, Salatschleuder)

Achtung!
Bleiben Sie in der Nähe der Kinder und beobachten Sie die Kleinen aufmerksam. Kinder, die schon Zähne haben, könnten in Tüten und Säckchen hineinbeißen und den Inhalt verschlucken!!! Alle Gegenstände sollten neuwertig, sauber und ungiftig sein!

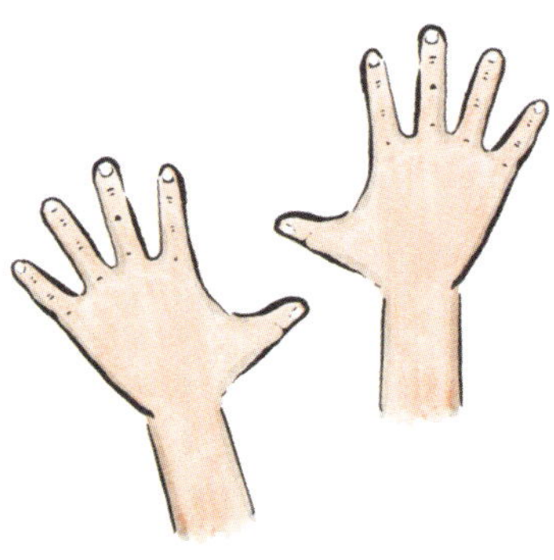

Schaumspaß

+1½

Material: Badeschaum oder Malseife (Spielzeugbedarf), großer Spiegel
Für die Variation: Rasierschaum oder Sahne aus der Sprühdose, Lebensmittelfarbe, Kindercreme

Geben Sie Badeschaum bzw. Malseife auf einen Spiegel, der an einer Wand lehnt oder auf dem Boden liegt. Die Kinder entdecken vielleicht, dass man mit Fingern und Händen auf dem Spiegel Spuren hinterlassen kann.

Variation 1: Geben Sie Rasierschaum oder Sprühsahne auf den Spiegel.
Lassen Sie die Kinder sich selber oder gegenseitig mit Schaum oder Sahne bemalen. Das macht den meisten Kindern großen Spaß!
Variation 2: Färben Sie den Rasierschaum oder die Kindercreme mit unterschiedlichen Lebensmittelfarben ein. Die Kinder können auf dem eigenen Körper damit malen. Ein Kind legt sich, möglichst nur mit Unterhose bzw. Windel bekleidet, bäuchlings oder mit dem Rücken auf eine Plane bzw. Decke. Im Sommer kann dies auch draußen im Freien geschehen. Ein Kind malt dem liegenden Kinder Tupfer, Striche oder Kleckse auf die Haut. Zum Schluss kann sich das bemalte Kind im Spiegel betrachten.

Hinweis: Beobachten Sie die Kinder aufmerksam, damit Schaum und Seife nicht in Mund und Augen wandern und achten Sie auf mögliche Allergien der Kinder.

Erlebnistisch für kleine Hände

+1½

Material: alter Tisch bzw. Tischplatte, Ton, Wasser, Naturmaterialien (Stöckchen, Steine, Muscheln, Tannenzapfen, Blätter usw.), evtl. Modellierhölzer, Löffel
Für die Variation: Indoorsandspieltisch oder Bottich bzw. Wanne

Geben Sie den Kindern einen oder mehrere Klumpen Ton auf einen alten Tisch bzw. eine ausrangierte Tischplatte. Beobachten Sie, wie die Kinder die weiche Masse befühlen, plattklopfen, in Stücke reißen und formen. Ton ist ein besonderes sinnliches Vergnügen für kleine Forscherhände. Zum Modellieren können Sie später auch Modellierhölzer, Löffel und Pinselstile reichen.
Diverse Materialien aus der Natur (Stöckchen, Steine, Muscheln usw.) ergänzen das Aktionsfeld und verwandeln es in einer Art „Landschaft", die sogar trocknen und längere Zeit im Raum stehen bleiben kann.

Hinweis: Getrockneten Ton einfach mit feuchten Tüchern belegen bzw. mit Wasser direkt anfeuchten. So kann er wieder verwendet werden.

Kommt ein Vogel geflogen

+6M

Material: Nach Wahl: weiches Papier, Feder, Stofftaschentuch, eine weiche Bürste

Sprechen oder Singen Sie den folgenden Vers:

Kommt ein Vogel geflogen setzt sich nieder auf meinen Fuß, hat einen Zettel im Schnabel, von der Mutter (dem Vater) einen Gruß.	*Das Material (z.B. Papier)* *vom Kopf des Kindes* *bis zum Fuß streichen.*

Wiederholen Sie das Spiel mit anderen Materialien wie z.B. mit einer Feder, einem Stofftaschentuch o.Ä.

Spieltabletts

+2

Material: Tabletts mit einem Rand (z.B. aus Holz), unterschiedliche themenbezogene Materialien für die Ausstattung der Tabletts, (z.B. Schüsseln, Karaffen, Gläser mit Schraubverschluss, Becher, Dosen, Schaufeln, Löffel, Siebe, Wäscheklammern, Tischtennisbälle, Band, Pappröhren, Schrauben, Nägel, Papiere, Mehl, Grieß, Sand, Linsen, Kirschkerne, Bohnen, Perlen, Knöpfe, Kastanien usw.)

Tablettes lassen sich in der Arbeit mit kleinen Kindern ideal einsetzen, da auf einem begrenzten Raum überschaubar und geordnet wenige Materialien zu einem Thema angeboten werden.

Hier einige Themen und Anregungen:

- **Durchsieben:** Dazu legen Sie unterschiedliche Siebe und Schüsseln mit Mehl, Gries, Sand auf das Tablett.
- **Umgießen:** Dazu stellen Sie eine Karaffe mit Wasser oder Saft und mehrere Gläser auf das Tablett.
- **Heften und Klammern:** Mehrere Wäscheklammern und Becher zum Feststecken der Klammern am Becherrand.
- **Verbinden:** Dinge zusammenstecken, zusammenkleben, z.B. mehrere Papprollen in unterschiedlichen Größen zusammenfügen.
- **Angeln:** Eine Schüssel mit Wasser und schwimmenden Gegenständen (z.B. Tischtennisbälle), die mit den Händen (mit einem Löffel oder einer Würstchenzange) heraus gefischt werden.
- **Öffnen und schließen:** Gläser mit Schraubdeckeln in unterschiedlichen Größen, die auf- und zu geschraubt werden können.
- **Schrauben und stecken**: Styropor, kleiner Karton oder Pappröhre, in die Nägel, Schrauben, Dübel oder dicke Nägel gesteckt oder geschraubt werden.

Tast- und Spielwannen
Was interessiert die Kinder gerade? Suchen Sie nach geeigneten Materialien, (z.B. Linsen, Bohnen, Gries, Papier usw.) und Hilfsmitteln (z.B. Becher, Schippen, Löffel, Röhren, Trichter usw.), die Kinder zu immer neuen Experimenten anregen.

Steine rau und glatt

+2

Material: unterschiedliche Steine (rund, eckig, oval, rau, glatt, groß, klein usw.), evtl. Körbchen

Die Kinder sitzen im Kreis. Jedes Kind wählt sich seinen Lieblingsstein. Anschließend sprechen Sie mit den Kindern folgende Vers, während jedes Kind seinen Stein in den Händen hält, ihn betrachtet und befühlt. Am Ende werden alle Steine in die Mitte zurückgelegt.

Steine lang
und Steine rund,
schwarz und weiß
und kunterbunt.
Steine hart und rau und glatt,
einmal glänzend, einmal matt.
Viele Steine groß und klein,
dieser soll mein schönster sein.

Variation 1: Sprechen Sie zum Schluss den Satz: „Viele Steine groß und klein, tausche ich mit deinem Stein." Die Kinder tauschen ihren Stein mit dem Stein des Nachbarn und der Vers beginnt von vorne.
Variation 2: Ähnlich wie bei dem überlieferten Spiel Ringlein, Ringlein, du musst wandern, formen die Kinder aus ihren Händen kleine Schalen. Die Spielleitung geht von Kind zu Kind. In der letzten Zeile lässt Sie den Stein in die Hände des jeweiligen Kindes plumpsen. So wird das Spiel gespielt, bis jedes Kind einen Stein hat.

Bändertunnel

+1

Material: Papierstreifen, Stoffstreifen, Geschenkbänder (jeweils mindestens 1 m lang), Band, Heftzwecken
Für die Variation: Rollbretter

Spannen Sie ein Band zwischen Türrahmen, zwischen zwei Schränken oder zwei Tischen. Knoten Sie viele Bänder (s. o.) daran. Die Bänder sollen bis zum Boden reichen. Vielleicht rollen Sie einen Ball zwischen den Bändern durch über den Boden. Nun heißt es: nichts wie hinterherkrabbeln!

Variation: Ältere Kinder fahren bäuchlings auf einem Rollbrett unter den Bändern durch.

Hinweis: Die Bänder schaffen interessante Berührungsreize. Je leichter die Kinder bekleidet sind, desto intensiver ist die taktile Erfahrung.

Mein Tastbuch

+2

Material: 6–8 stabile Quadrate oder Rechtecke aus dickem Pappkarton, unterschiedliche Materialien zum Draufkleben (z. B. Samt, Wellpappe, Wollfäden, Federn, Folie, Schmirgelpapier, Sand, usw.), Tapetenkleister, Schere, Locher, Kordel

Die Kinder streichen die einzelnen Pappen mit Kleister ein und geben jeweils ein Material darauf. Nach dem Trocknen locht ein Erwachsener mit dem Locher die einzelnen Seiten und fädelt eine Kordel hindurch. Man kann die Seiten auch in ein Ringbuch heften. Blättern Sie mit einzelnen Kindern in dem Buch und lassen Sie jede Seite ertasten und erfühlen.

Hinweis: Besonders interessant kann es sein, wenn gegensätzliche Materialien auf einer Doppelseite gegenüber platziert werden (z. B. Samt und Schmirgelpapier).

Flickenbad

+1½

Material: Stoffreste mit verschiedenen Eigenschaften (z.B. Chiffon, Organza, Seide, Satin, Tüll, Nicky, Plüsch, Webpelz, Samt, Frottee, Jersey, Trikot, Leinen, Rupfen, Jute, Krepp, Jeans usw.)
Nach Wahl: Plane, Decken oder Matten, evtl. Gefäße (z.B. Dosen, Körbchen, Pappröhren usw.)
Für die Variation: Kinderplanschbecken zum Aufpusten oder große Kartons

Geben Sie die Stoffreste auf eine Plane, Decke oder große Matte.

- Die Kinder können die Stoff-Reste mit den Händen ergreifen, befühlen,
- auf allen Vieren durch die unterschiedlichen Stoffe krabbeln,
- die Stoffe mit den Füßen berühren (greifen),
- sich unter Tüchern verstecken und wieder auftauchen,
- sich von einem anderen Kind mit Stoff kitzeln und „massieren" lassen,
- die Materialien nebeneinander bzw. untereinander legen, eventuell ordnen,
- Stoffreste in Gefäße füllen und wieder ausleeren.

Variation: Blasen Sie ein Kinderplanschbecken auf und geben Sie viele Stoffreste hinein. Wenn Kinder in das Becken steigen, so ist die Tasterfahrung intensiver, weil die Stoffe komprimiert zusammenliegen. Auch große Kartons können als Behälter für die Stoffe benutzt werden.

Hinweis: Wenn die Kinder möglichst wenig bekleidet sind, ist die taktile bzw. haptische Erfahrung über die Haut umso intensiver. Achten Sie darauf, dass die Stoffe sauber sind und nicht zu stark fusseln.

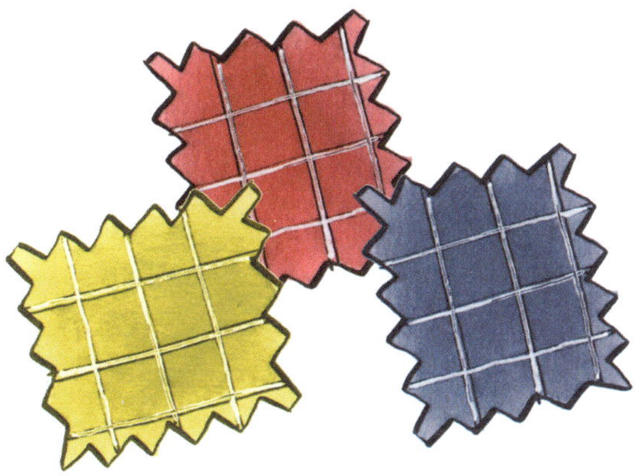

Fühlbilder

+2

Material: einzelne selbst gemalte Bilder (z.B. von den Kindern mit Fingerfarben gestaltet), plastische Materialien zum Aufkleben (z.B. Reste von Strukturtapete, Sand, Noppenfolie, Stoffreste, Watte, Wolle, usw.), Tapetenkleister extra stark
Für die Variation: Tapetenrolle

Jedes Kind wählt ein einzelnes „Lieblingsbild“ aus oder gestaltet es ganz frisch und neu mit Fingerfarben. Nach dem Trocknen kann das Bild in ein plastisches „Fühlbild“ verwandelt werden, indem die Kinder das Bild an einzelnen Stellen mit Kleister einstreichen und Tastmaterial darauf geben, z.B. Watte, Wolle, Sand, Papierschnipsel…

Variation: Mehrere Kinder gestalten ein Gemeinschaftsbild auf Tapete und geben einige der o.g. Materialien mit Kleister darauf. Nach dem Trocknen kann das Bild als „Wandflies“ zum Tasten aufgehängt werden.

Hinweis: Achten Sie darauf, dass die Tastmaterialien fest kleben und sich später nicht lösen.

Tastinsel

+1

Material: verschiedene Teppichfliesen (Reste aus dem Baumarkt, z. B. Filz, Schurwolle, Linoleum, Kork, Velours, Kunstrasen, Teppichklebeband), ein paar Spielzeuge (z. B. Kuscheltier, Ball, Rasseln u. Ä.)

Kleben Sie die Teppichfliesen dicht nebeneinander mit Teppichklebeband auf dem Boden fest. Je unterschiedlicher das Material der Fliesen, desto vielseitiger gestalten sich die Tasterfahrungen. Legen Sie ein paar Spielzeuge auf die Tastinsel.
Sie regen die Kleinen dazu an, die Insel zu entdecken.

Hinweis: Je leichter die Kinder bekleidet sind (im Sommer vielleicht nur mit einer Windel), desto intensiver wirken die Tasterfahrungen. Spielen Sie bei kühlen Temperaturen, so können Sie einen kleinen Heizlüfter aufstellen, um für ausreichend Wärme zu sorgen.

Schau genau!

SEHEN, BEOBACHTEN UND STAUNEN

Wie sehen kleine Kinder die Welt? Beim Sehen werden Bewegungen, Muster, Formen, Größen, Lagen, räumliche Beziehungen und Farben von Objekten wahrgenommen. Die visuelle Wahrnehmung ist immer stark mit anderen Sinnen gekoppelt, vor allem an den Tastsinn. Kinder wollen das, was sie sehen, berühren, um Eigenschaften von Materialien zu erfahren und zu begreifen.

Mobiles zum Sehen und Staunen

+3 M

Material: Ast eines Baumes, dünner Nylonfaden, Schere (alternativ: Kleiderbügel oder Rundholz), bewegliche Materialien zum Aufhängen, z.B. Blätter, Tannenzapfen, Glöckchen, Papierstreifen, Federn, Perlen, Kristalle, Sterne, Kugeln, Spiegelplättchen, Ausstechfiguren aus Salzteig

Hängen Sie die Haltekonstruktion (Ast, Kleiderbügel oder Rundholz) mit Fäden unter die Decke. Knoten Sie interessante Materialien mithilfe von Nylonfäden daran, z.B. Luftballons (nur ganz wenig aufpusten), Naturmaterialien (z.B. Blätter vom Baum, Tannenzapfen), Glöckchen, Federn o.Ä.

Ältere Kinder können selber Materialien sammeln bzw. auswählen, die ihnen für das Mobile zusagen. Hängen Sie das Mobile an einen hellen Ort, z.B. in Fensternähe. So kann es seine Effekte entfalten und die Kinder zum Betrachten einladen.

Mein Träumehimmel

+1

Material: lange Bahnen Tüll, Haken, Schrauben, Bänder, Lichterkette, selbstklebende Leuchtsterne, Kugeln, Kristalle, Nylonschnur, Streifen aus Krepppapier, Alufolie, Tücher aus Chiffon u.Ä., weiche Matten, Kissen, Decken

Fertigen Sie in einer Nische im Raum einen „Himmel" aus Tüll, den Sie mithilfe von Haken, Schrauben und Bändern unterhalb der Decke spannen. Gestalten Sie den „Himmel" mit optisch interessanten Materialien, indem Sie z.B. eine strahlende Lichterkette darauflegen, Leuchtsterne von unten ankleben, lange Streifen aus Krepppapier oder Alufolie oder Tücher annähen und herabhängen lassen. Auch Kugeln, Kristalle, Prismen an einer Nylonschnur faszinieren Kinder.
Gestalten Sie auf dem Boden unterhalb des „Himmels" eine Insel aus Matten, Kissen und Decken zum Entspannen, Kuscheln und Träumen.

Spiegeltisch

+1½

Material: Kindertisch, Spiegelfliesen oder Spiegelfolie, bzw. 1–2 größere Wandspiegel (mit oder ohne Rahmen), Materialien zum Drauflegen, z.B. große Muggelsteine oder Nuggets, große Knöpfe, Muscheln, Federn, Papierreste, Sand
Für die Variation: Rasierschaum, Sahne, Creme, Fingerfarbe (evtl. altes Papier bereithalten)

Belegen Sie einen Kindertisch mit Spiegelfliesen (-folie) bzw. 1-2 Wandspiegeln.
Stellen Sie in Körbchen oder Schälchen Materialien bereit, die oben auf die Spiegelfläche gelegt werden können. Das Kind sieht sich nicht nur selber von oben im Spiegel. Es kann auch interessante Effekte bestaunen, die von verschiedenen Materialien ausgehen.

Variation: Die Kinder malen mit Schaum, Sahne, Creme oder Fingerfarbe auf dem Spiegel. Später können sie altes Papier auf die Farbe legen, schon haben sie einen interessanten Farbabdruck.

Spiegel-Lichter-Glanz

+1

Material: 1–3 Spiegel zum Aufstellen (etwa DIN-A4-Größe), eine Kerze oder Teelichter, Streichhölzer

Stellen Sie vor einen Spiegel eine brennende Kerze oder ein bzw. mehrere Teelichter (Kerzen bitte nie unbeaufsichtigt brennen lassen). Vielleicht dunkeln Sie den Raum dazu etwas ab. Schauen Sie, ob sich die Kinder von den Lichteffekten faszinieren lassen.

Variation (ab 1 ½ Jahren): Stellen Sie 2–3 Spiegel wie ein „aufgeschlagenes Buch" auf. Oder Sie bauen aus 3 Spiegeln ein kleines „Spiegel-Haus". Ein Spiegel bildet den Boden, zwei weitere Spiegel werden als „Dach" gegeneinander gelehnt und auf bzw. an den Spiegel-Boden gestellt. Statt der Kerzen können Sie auch ein elektrisches Teelicht, eine Lichterkette oder einen Lichtschlauch verwenden!

Hallo, wer ist das?

+1

Material: großer Wand-Spiegel

Beobachten Sie das Kind, wenn es sich selbst im Spiegel betrachtet. Setzen oder stellen Sie sich neben das Kind oder halten Sie es auf dem Arm, während sie gemeinsam vor dem Spiegel stehen. Vielleicht winken sie gemeinsam dem Spiegelbild zu, schneiden Fratzen, machen ein Wiegespiel oder ein Fingerspiel vor dem Spiegel.

Variation: Setzen Sie sich mit einer kleinen Gruppe (3–4 Kinder) im Halbkreis vor einem Spiegel auf den Boden. Machen Sie ein Fingerspiel und beobachten Sie, ob sich die Kinder dabei selbst im Spiegel zuschauen.

Spiegelstraße

+1

Material: 6–8 Spiegel, 4–6 Matten, mehrere große Stühle oder Tische

Lehnen Sie die Spiegel an Stühle/Tische (eventuell mit Band festbinden!) oder direkt an eine Wand. Legen Sie vor den Spiegeln mehrere Matten zu einer „Straße" hintereinander auf den Boden. Platzieren Sie am Ende der Straße ein Spielzeug oder rollen Sie einen Ball über die Matten, sodass die Kleinen zum hinterher Krabbeln animiert werden.
Sie können auch frontal an das Ende der Straße einen Spiegel stellen (bitte mit ausreichend Abstand!). So krabbeln die Kinder ihrem Spiegelbild entgegen.

Variation (ab 2 Jahren): Für ältere Kinder bauen Sie einen „Irrgarten" auf. Verteilen Sie mehrere Spiegel im Raum. Sie können auch „über Eck" bauen oder Teil-Spiegel und Zerrspiegel einsetzen, allerdings nicht bei den ganz Kleinen.

Selbst gebauter Kreisel

Material: viele runde Bierdeckel, Rundhölzer (jeweils 8–10 cm lang), evtl. Farben

Bohren Sie mit einer spitzen Schere in die Mitte jeden Bierdeckels ein Loch und stecken Sie ein Rundholz hinein. Die Kinder drehen das Rundholz mit den Fingern, sodass der Bierdeckel rotiert. Beobachten Sie mit den Kindern, wohin er sich bewegt und wie lange er sich dreht. Wer kann die Deckel fangen?

Variation: Die Kinder malen die Deckel mit Fingerfarben bunt an. Dann entfalten sich beim Drehen interessante optische Farbenspiele.

Wohin will mein Ball?

Material: Gymnastikball
Für die Variation: weitere Bälle, z.B. Flummi, Tennisball, usw. Kugeln, Brett, Softball

Die Kinder sitzen im Kreis. Die Spielleitung schaut ein Kind an und rollt ihm dann den Ball zu. Das versucht den Ball mit den Händen zu greifen und weiter zu einem anderen Kind zu rollen. Dieses wiederum rollt den Ball weiter usw.

Variation 1: Lassen Sie einen Flummi bzw. Tennisball aufticken. Wohin springt mein Ball? Wer holt ihn wieder herbei?

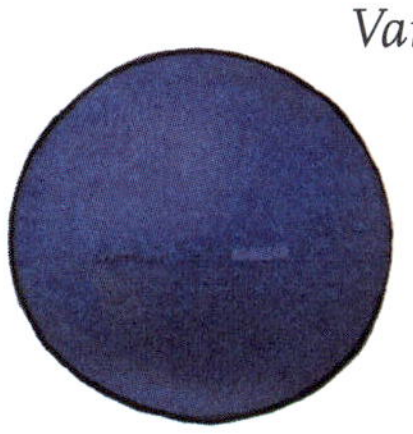

Variation 2: Legen Sie einseitig eine Kiste unter ein Brett, sodass eine schiefe Ebene entsteht. Lassen Sie die Kinder Bälle und Kugeln über die Schräge hinabrollen und beobachten, wie unterschiedlich sich diese verhalten.

Variation 3: Mit einem Softball werden Gegenstände „abgeworfen", z.B. Dosen oder Bausteine. Bälle kann man auch in einen Karton oder Korb werfen. Das Spiel lebt davon, dass die Kinder konzentriert beobachten und reagieren.

Nun kommt der Zauberer

Material: Tuch, Spielzeug zum Verschwinden (z.B. kleine Puppe, Stofftier, kleines Auto)

Legen Sie ein Spielzeug auf den Tisch. Decken Sie ein Tuch darüber. Nun ist das Spielzeug unsichtbar. Kurze Zeit später ziehen Sie das Tuch wieder weg und rufen „Kuckuck“. Vielleicht möchte das Kind jetzt auch einmal das Spielzeug unter dem Tuch verstecken, das Tuch anschließend wegziehen und das Spielzeug wieder sichtbar machen.

Nun beginnt die Zauberei: Legen Sie wieder das Tuch über das Spielzeug.

Beim Wegziehen des Tuches ergreifen Sie jetzt jedoch das Spielzeug gleich mit, lassen es blitzschnell hinter ihrem Rücken (oder unter dem Tisch) verschwinden. Dann zeigen Sie lediglich das Tuch. Wo ist das Spielzeug geblieben? Schaut das Kind nach oder ist es ratlos? Sie können unterstützen, indem Sie ganz deutlich suchen helfen.

Variation (ab 1 ½ Jahren): Verstecken Sie einen Gegenstand im Raum (anfangs möglichst sichtbar). Auch ein Kind kann sich verstecken und muss dann von allen gesucht werden.

Variation (ab 3 Jahren): Für ältere Kinder legen Sie 2 (später 3) Gegenstände auf die Erde und decken diese mit einem Tuch ab. Ziehen Sie das Tuch weg. Beim Wegziehen lassen Sie geschickt einen Gegenstand mit verschwinden. Die großen Kinder sollen sagen, welcher Gegenstand fehlt.

Ab in die Box!

Material: mehrere Kaffeedosen mit Deckel (bzw. ein Schuhkarton), scharfes Messer oder Schere, runde, quadratische, rechteckige bzw. dreieckige Bausteine (auch ein kleiner Ball ist möglich)

Schneiden Sie in den Deckel einer Kaffeedose ein kreisrundes Loch, später schneiden Sie in weitere Dosen jeweils ein quadratisches bzw. rechteckiges (eventuell auch dreieckiges) Loch.
Die Größe der Öffnungen richtet sich nach der Form und Größe der Gegenstände, die in die Dosen eingeworfen werden sollen! Die Kinder versuchen nun, die Bausteine in die jeweils passende Öffnung zu werfen.

Variation: Nehmen Sie einen Schuhkarton und schneiden Sie 3 verschiedene Formen nebeneinander aus (z. B. Kreis, Quadrat, Dreieck, usw.).

Hinweis: Bei den ganz Kleinen reicht eine Kaffeedose mit einem Baustein zum Einwerfen. Mit zunehmendem Alter können mehrere Dosen und unterschiedliche Bausteine angeboten werden.

Sehen, ordnen und vergleichen
Mit dem Gesichtssinn (visuelle Wahrnehmung) lernen die Kleinen, Größen, Formen, Farben zu vergleichen, zu unterscheiden, zuzuordnen, zu sortieren. Sie erkennen Übereinstimmungen, Unterschiede, Zusammenhänge und setzen diese Erfahrungen mit Gedächtnisinhalten in Beziehung. Spiele zum Schauen und Zuordnen fördern neben der visuellen Wahrnehmung die kognitive und sprachliche Entwicklung.

Taschenlampen-Strahl

+2½

Material: Taschenlampe

Dunkeln Sie den Raum etwas ab. Die Kinder sitzen im Kreis, während die Spielleitung eine Taschenlampe einschaltet und mit dem Strahl im Raum einen Gegenstand anleuchtet. Vielleicht fällt den Kindern der Name des beleuchteten Gegenstands ein.
Schon wandert der Strahl zum nächsten Objekt im Raum, das ebenso beleuchtet und damit in den Focus genommen wird. Interessant ist es, wenn ein Kind den aktiven Part übernimmt und mit der Taschenlampe einen Gegenstand auswählt.

Schau, wie das fliegt

+1½

Material: (Schwung-)Tuch, Laken, Luftballons
Für die Variation: dünne Mülltüten, lange Bänder, kleine Bälle (Tischtennis bzw. Tennisbälle), Stofftiere, Blätter, Kleidungsstücke (z.B. Mützen oder Handschuhe)

Breiten Sie das Tuch auf dem Boden aus und legen Sie einen oder mehrere Luftballons darauf. Anschließend fasst jedes Kind einen Zipfel des Tuches und bewegt es damit auf und ab. Dazu der Spruch: „Alle Luftballons fliegen hoch!“ Bei „hoch“ wird das Tuch so turbulent bewegt, dass die Ballons bunt durcheinander in den Raum fliegen. Gemeinsam sammeln die Mitspieler die Luftballons wieder ein, und das Spiel beginnt von vorn.

Variation 1: Knoten Sie an jeden Luftballon ein Band. Die Kinder ziehen das Band mit dem Ballon hinter sich her über den Boden. Interessant sind auch dünne Mülltüten, die Sie durch die Luft bewegen (bis sie sich mit Luft füllen) und mit Band verknoten. Diese Tüten schweben federleicht, lassen sich gut beobachten.
Variation 2: Wiederholen Sie das Spiel mit anderen Materialien, z.B. mit kleinen Bällen, Stofftieren, Kleidungsstücken oder gesammelten Blättern (Letztgenanntes kann man gut draußen spielen).

Durch die Brille

+2 1/2

Material: farbige Klarsichtfolie in den Grundfarben (je nach Bedarf auch selbstklebend), Pappröhren, verschiedene Kartons mit Löchern darin, Klebstoff (z.B. Tapetenkleister), Schere

Schneiden Sie aus der farbigen Folie mehrere Stücke in DIN-A4-Format aus. Wer möchte einmal durch die Folie schauen und die Welt in rot, gelb oder grün erleben?

Schneiden Sie mit der Schere Öffnungen (Löcher, Schlitze) in einen Karton. Es gibt auch Kartons, die von vornherein schon Schlitze oder Löcher haben. Die Kinder halten sich den Karton vors Gesicht und betrachten die Welt in Ausschnitten.

Wenn man farbiges Papier vor die Öffnungen klebt, so sieht die Umwelt z.B. gelb oder grün aus.

Auch Pappröhren bieten interessante Ausschnitte. Zwei Pappröhren (z.B. von Toilettenpapier) können die Kinder mit Klebstoff zu einem „Fernglas"verbinden. Soll es farbig werden? Dann einfach ein Stück Farbfolie davor kleben.

Variation: Stücke farbiger Klarsichtfolie können Kinder mit Tapetenkleister vor die Fensterscheibe pappen. So entsteht vielleicht ein kleines rotes, grünes oder gelbes Fenster.

Hinweis: Auch Scheiben innerhalb der Kita (Türen, Trennwände) lassen sich mit farbiger Folie in interessante „Durchblicke" verwandeln. Für dauerhafte „Farben-Fenster" verwenden Sie am besten selbstklebende Folie.

Farben würfeln

+3

Material: Farbwürfel, 10–20 Holzperlen in den Grundfarben (immer mehrere in einer Farbe), Perlenschnur mit verstärkter Spitze oder Rundholz (passend zur Öffnung der Perlen)
Für die Variation: mehrere Schälchen

Die Kinder würfeln. Je nach der gewürfelten Farbe nehmen sie eine Perle gleicher Farbe und fädeln sie auf die Schnur oder stecken Sie auf das Rundholz (Holz evtl. senkrecht in Knetgummi stecken). So entstehen Ketten bzw. Türmchen.

Variation: Die Kinder ordnen die Perlen nach Farben in Schälchen.

Bitte sortieren!

+2

Material: verschiedene Materialien, die sortiert werden können (z.B. Nüsse, Nudeln, Kirschkerne, Erbsen, Bohnen, Muscheln, Steine, Knöpfe, Perlen, usw.), Schälchen, Kisten, Becher, evtl. große Löffel, Schaufeln, Kaffeemaß

Materialien in Gefäße ein- und umzufüllen, bereitet kleinen Kindern großen Spaß. Dinge nach einem gemeinsamen Kriterium zu sortieren, ist dagegen schon eine kognitive Herausforderung. So füllt ein Kind z.B. von sich aus alle Kirschkerne in den Becher, alle Nudeln in die Tasse oder es legt die großen und die kleinen Muscheln jeweils zusammen.

Rote Perlen kommen in den einen, blaue Perlen in den anderen Karton. Kinder stellen sich oft selber Aufgaben, wenn sie genau beobachten, Formen, Größen, Farben, Oberflächen wahrnehmen, vergleichen, in Beziehung setzen. Sortierspiele unterstützen die visuelle Wahrnehmung, die Bildung von (übergeordneten) Begriffen, den Tastsinn, die Feinmotorik.

Reaktion auf Farben

+3

Material: Schifffontücher oder farbige Bänder in den Grundfarben, CD-Player, Bewegungsmusik, evtl. farbiges Papier in den Grundfarben
Für die Variation: Rollbretter, Bobbycars, fahrbare Kisten

Die Kinder wählen sich ein farbiges Tuch aus und legen es wie einen Schal um den Hals bzw. stecken es in den Ausschnitt von T-Shirt oder Pullover. Das Tuch kann auch von einem Erwachsenen ans Handgelenk des Kindes gebunden werden. Ersatzweise kann man auch farbige Bänder wählen.
Nun wird Bewegungsmusik gespielt. Die Kinder gehen bunt gemischt durch den Raum. Dann stellt die Spielleitung plötzlich die Musik aus und zeigt eine Farbe, z.B, Rot (als Tuch oder als Stück Papier). Alle Kinder, die das gleichfarbige Tuch (oder Band) haben, fassen sich an, bilden einen kleinen Kreis (man kann auch sagen, dass sie sich gemeinsam auf die Erde setzen sollen). Dann geht das Spiel weiter mit einer anderen Farbe.

Variation: Die Kinder fahren mit Rollbrettern, Bobbycars oder fahrbaren Kisten durch den Raum. Die Spielleitung oder ein Kind spielt „Verkehrspolizist", hält abwechselnd ein grünes und ein rotes Tuch (oder Papier) in die Luft. Bei Grün fahren alle Fahrzeuge munter durcheinander. Bei Rot bleiben sie spontan stehen.

Handschuh- und Sockenpaare

+2½

Material: Kindersocken bzw. Kinderhandschuhe (paarweise), evtl. Wäscheklammern

Die Kinder sitzen rund um einen Tisch oder im Kreis auf der Erde. Mehrere Paare Socken bzw. Handschuhe werden auf dem Tisch bzw. auf dem Boden ausgebreitet. Die Spielleitung oder ein Kind greift einen Handschuh (oder eine Socke) und hält ihn in die Luft. Die anderen Kinder suchen den „Partner" dazu.
Ist er gefunden wird das „Pärchen" nebeneinandergelegt. Man kann es auch jeweils mit einer Wäscheklammer zusammenklammern. Es wird so lange gespielt, bis die Paare wieder vereint sind.

Kling, klang!

HÖREN UND LAUSCHEN

Kleinkinder lieben Gegenstände, die Töne oder Geräusche machen (Rasseln, Glöckchen, Spieluhren, Brummkreisel). Zudem mögen Sie schon früh rhythmische Sprache, Reime, Gesang und Bewegungen. Ein intaktes Gehör hat eine wichtige Funktion bei der Kommunikation und ist Voraussetzung für die Sprachentwicklung.

Klingende Spielzeuge

+3 M

Material: Glöckchen, Glockenball, Luftballons, Schneebesen
Für die Variation: leere Plastikflaschen, Füllmaterial (z.B. Erbsen, Reis, Kirschkerne)

Knoten Sie Glöckchen an Stofftiere und Spielzeugautos. Füllen Sie Luftballons vor dem Aufpusten und Verknoten mit Reis (sie verwandeln sich in raschelnde Flugobjekte). Besorgen Sie einen Ball mit einer Glocke im Inneren (Kigabedarf). So werden Ballspiele geräuschvoll.
Knoten sie viele kleine Glöckchen mit Schleifenband an die Drahtschlaufen eines Schneebesens. Die ungewöhnliche Rassel regt Kinder zum Greifen, Bewegen und Lauschen an.

Variation: Füllen Sie leere Plastikflaschen mit Glöckchen, Erbsen, Kirschkernen o. Ä. Man kann sie schütteln, drehen oder hinter sich herziehen.

Hinweis: Beobachten sie kleine Kinder beim Umgang mit Luftballons stets aufmerksam. Plastikflaschen bitte zukleben (z.B. Schraubverschluss von innen mit Sekundenkleber bestreichen und fest auf die Unterseite schrauben).

Uhren suchen

+2

Material: Spieluhr bzw. ein Wecker

Die Kinder sitzen im Kreis. Die Spielleitung zieht die Spieluhr auf, hält die klingende Uhr jedem einzelnes Kind kurz ans Ohr. Auf diese Weise geht sie einmal im Kreis herum. Dann zieht sie die Uhr erneut auf. Diesmal geht sie in verschiedene Ecken des Raumes (Kuschelecke, Puppenecke, Bauecke) und zum Schluss vor die Tür. Wieder lauschen die Kinder den nahen und entfernten Klängen.

Variation 1: Spielen Sie das Spiel mit einem laut tickenden Wecker.
Variation 2: Große Kinder spielen „Weckersuchen“. Jeweils ein Kind geht dem lauten Ticken des Weckers nach. Wo wurde er versteckt?

Schüttel-Becher und -Dosen

+6 M

Material: Joghurtbecher oder kleine, runde Käseschachteln bzw. Metalldosen von Hustenbonbons, festes Pergamentpapier, dicke Gummibänder oder Isolierband und Materialien wie z.B. Reis, Erbsen, Bohnen, Perlen
Für die Variation: kleine Filmdosen oder leere Röhrchen von Vitamintabletten

Füllen Sie Joghurtbecher mit unterschiedlichen Materialien. Verschließen Sie die Becher mit festem Pergamentpapier und Gummiband oder Isolierband.
Sie können auch kleine, runde Käseschachteln oder leere Dosen von Hustenbonbons mit Material füllen und mit Klebstoff oder Klebeband fest zukleben.
Die Kinder erzeugen durch Schütteln unterschiedliche Klänge und Geräusche.

Variation: Für kleine Hände besonders geeignet sind Filmdosen oder Röhrchen von Vitamintabletten. Füllen Sie dafür 4–6 Dosen oder Röhrchen mit unterschiedlichem Inhalt. Den Deckel innen am Rand mit Sekundenkleber bestreichen und dann wieder fest auf den Untergrund aufdrücken. Ist alles fest verschlossen? Es darf kein Inhalt mehr zu entnehmen sein.

Glöckchen, Spieluhren, Wiegenmusik
Klingende Spielzeuge fesseln die Aufmerksamkeit kleiner Kinder. Spieluhren- und Wiegenmusik wirkt beruhigend und ausgleichend, z. B. wenn Kinder zu den Klängen getragen und geschaukelt werden (Stimulierung des Gleichgewichtsorgans im Innenohr).

Glöckchen-Handschuh

+3 M

Material: Fingerhandschuh (Erwachsenengröße), viele Glöckchen oder Schellen
Für die Variation: Kinderhandschuh

Nähen Sie an jeden Finger des Handschuhs ein Glöckchen. Ziehen Sie den Handschuh an. Bewegen Sie nun die Hand vor den Kindern auf und nieder, hin und her. Lauschen die Kinder dem Klingeln? Wer möchte den Handschuh fangen?

Variation 1: Nähen Sie Glöckchen an einen Kinderhandschuh. Nun kann ein großes Kind den Handschuh anziehen und die kleinen Kinder damit zum Hören und Lauschen anregen.
Variation 2: Begleiten Sie die Handbewegungen mit einem Vers:
Text: überliefert

Zehn kleine Klingelmänner

Zehn kleine Klingelmänner — *Bewegen Sie die einzelnen Finger*
klingeln hin und her,
Zehn kleinen Klingelmännern
fällt das gar nicht schwer.

Zehn kleine Klingelmänner
klingeln auf und nieder. — *auf und nieder,*
Zehn kleine Klingelmänner
tun das immer wieder.

Zehn kleine Klingelmänner
klingeln rundherum. — *und rundherum.*
Zehn kleine Klingelmänner,
die sind gar nicht dumm.

Zehn kleine Klingelmänner
spielen mal Versteck.
Zehn kleine Klingelmänner — *Verstecken Sie die Finger*
sind auf einmal weg. — *hinter Ihrem Rücken.*

Kazoo

+2

Material: Pappröhren (Küchenrolle, Geschenkpapierrolle o. Ä.), Schere, Transparentpapier oder Butterbrotpapier, Klebstoff
Für die Variation: Dosen (z.B. von Kaffee oder Babybrei), Schläuche, Trichter

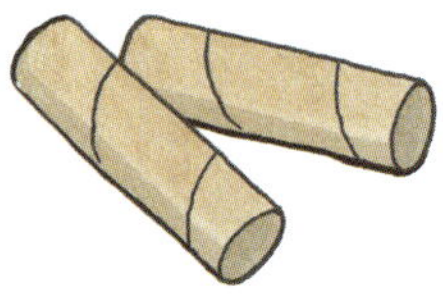

Schneiden Sie mehrere kleine Fenster in Papprollen und bekleben Sie die Fenster anschließend mit Transparentpapier. Wer möchte in die Röhre hineinrufen oder -schreien? Man kann auch hineinsingen. Durch die erzeugten Töne vibriert das Papier. Ein einfaches Instrument ist entstanden.

Variation: Die Kinder rufen in Dosen, Schläuche, Trichter hinein.

Spiele mit der Stimme
Ab etwa 6 Monaten beginnen Kinder damit, Laute zu bilden und spielerisch zu wiederholen (Lallen). Danach entwickelt sich die „Echo-Sprache“, d.h. Silben, Laute, Wörter, Geräusche aus der Umwelt werden nachgeahmt. Ende des 1., Anfang des 2. Lebensjahres entwickeln Kinder artikulierte, sinnvolle Laute mit Benennungsabsicht (z.B. „tut-tut“ für Auto).
Kleinkinder haben Spaß daran, ihre Stimme zu erproben, dabei Gefühle auszudrücken und mit der Umwelt über Sprache zu kommunizieren.

Wie Töne verklingen

+2½

Material: Gong, Klangschale, Triangel, hängendes Becken

Manche Instrumente haben einen langen Nachklang. Die Spielleitung spielt einen Klang (z.B. Gong). Die Kinder halten so lange ihre Hände hinter die Ohren („Riesenohren“), wie sie den Klang wahrnehmen. Wenn sie nichts mehr hören, nehmen sie die Hände wieder runter.
Dann kommt ein neuer Klang, z.B. von einer Triangel, einem hängenden Becken oder einer Klangschale. Nach einer Weile übernimmt vielleicht ein Kind die aktive Rolle und schlägt das Instrument an.

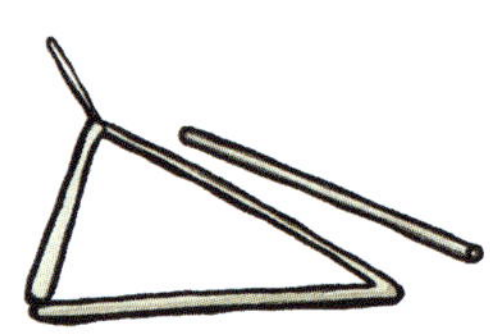

Tierstimmen

+2½

Material: verschiedene Tiere aus Stoff oder Holz
Für die Variation: Abbildungen von Tieren aus Prospekten oder Zeitschriften, Schere, Klebstoff, Bierdeckel oder Pappkärtchen

Erzählen Sie eine kleine Geschichte, in der verschiedene Tiere genannt werden. Je nach Erfahrungshintergrund der Kinder wählen Sie heimische Haustiere, Tiere auf dem Bauernhof oder im Zoo.
So könnte z.B. eine Geschichte beginnen:

> Max wohnt auf einem Bauernhof. Gerne hilft er dabei, wenn die Tiere gefüttert werden müssen. Heute geht er zu den *Hühnern* und gibt ihnen Futter. Die Hühner freuen sich und antworten „Tock-tock-tock". Anschließend geht er zu den *Kühen* und bringt ihnen ihr Fressen. Die Kühe antworten „Muh-muh"...

Setzen Sie die Geschichte mit anderen Tieren fort, z.B. mit Schafen, Gänsen, Schweinen, Hunden, Katzen. Wenn Sie Holz- oder Stofftiere dabei haben, so können die Kinder die passenden Tiere zeigen und bewegen.

Variation 1: Spielen Sie Tierstimmen-Memory. Kleben Sie auf jeden Bierdeckel bzw. jedes Pappkärtchen das Foto eines bekannten Tieres. Legen Sie alle Deckel umgedreht auf den Tisch oder den Boden. Lassen Sie anschließend einen Deckel nach dem anderen aufdecken. Zu jeder Tier-Abbildung soll nach dem Aufdecken das passende Geräusch gemacht werden („Wau-wau", „Miau", „Muh" etc.).
Variation 2: Bei älteren Kindern (ab 3 Jahren) können die Deckel/Karten auch paarweise mit Tieren beklebt werden (zwei Kühe, zwei Hunde usw.). Die Deckel werden so lange umgedreht, bis sich jeweils ein Tier-Paar gefunden hat.

Stimmentelefon

+2½

Material: Plastikschlauch (ca. 1 m lang), Trichter

Stecken Sie den Trichter in den Plastikschlauch. Das Kind hält sich den Trichter ans Ohr und spricht in das andere Ende des Schlauches hinein. So kann das Kind mit sich selbst telefonieren und dabei die eigene Stimme ungewöhnlich laut hören.

Variation: Zwei Kinder können miteinander telefonieren, indem sich ein Kind den Trichter ans Ohr hält und das andere etwas in den Schlauch hinein sagt oder hinein ruft.

Was für ein Wetter

+2½

Material: Handtrommel

Die Kinder gehen durcheinander im Raum spazieren. Die Spielleitung trommelt erst ganz langsam auf einer Handtrommel. Dazu spricht oder singt sie: „Es regnet es regnet …" Plötzlich schlägt sie ganz fest und laut. Dazu ruft sie: „Es donnert, es blitzt." Schließlich fügt sie hinzu: „Alle Kinder laufen schnell nach Hause!"
Darauf beginnen die Kinder durch den Raum zu rennen und sich einen sicheren Unterschlupf zu suchen (in einer Ecke des Raumes, unter den Tischen, in einem Häuschen aus Matten usw.).

Nach einer kurzen Pause scheint die Sonne. Die Kinder kommen wieder hervor, bewegen sich erneut im Raum, bis wieder Regen einsetzt.

Hinweis: Einigen Sie sich vorher mit den Kindern, welchen Unterschlupf alle gemeinsam wählen. Oder soll sich jedes Kind ein eigenes Versteck suchen?

Knisterfolie

Material: Malerfolie bzw. Rettungsdecke (Erste-Hilfe)
Für die Variation: Pergamentpapier, Noppenfolie, Blumenfolie

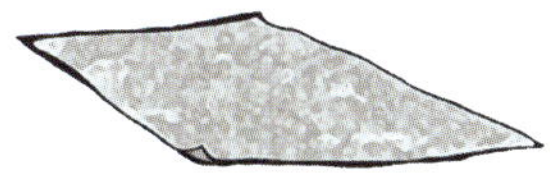

Breiten Sie Folie aus (z.B. Malerfolie oder eine knisternde Rettungsdecke).
Jedes Kind fasst einen kleinen Zipfel. Durch Auf- und Abbewegen der Arme entstehen interessante Geräusche und optische Effekte.

Variation: Legen Sie verschiedene (zusammengeknüllte) Papiere auf die Folie. Die Kinder beobachten, wie sich die Materialien verhalten und hören die entsprechenden Geräusche dazu.

Hinweis: Eine Rettungsdecke kann für junge Kinder ein Zuviel an optischen und akustischen Reizen bedeuten, da sie stark glitzert und knistert. Wählen Sie in diesem Falle eine andere Folie bzw. ein Laken.

Bimmel, Bammel

Material: Dosen von Kindernahrung, große Kaffeedosen, leere Waschpulverkisten, kleine Eimer, fertige Schlegel oder ersatzweise Klanghölzer bzw. dicke Holzstäbe

Geben Sie den Kindern die „Trommeln“ zum freien Spiel. Eventuell zeigen Sie ihnen, wie man darauf klopfen, schlagen oder trommeln kann.

Variation: Sagen Sie folgenden Spruch dazu:
Text: überliefert

Bimmel, bammel, bommel,	
die Katze schlägt die Trommel.	*Auf die Trommel schlagen.*
Und die kleinen Mäuse	
tanzen in der Reih'.	*Finger auf der Trommel kreisen lassen.*
Und die ganze Erde	
donnert schon dabei.	*Laut und kräftig auf der Trommel spielen.*

Topfdeckel drehen

+1½

Material: Topfdeckel (oder Plastikteller)
Für die Variation: Gymnastikreifen

Die Spielleitung hält den Topfdeckel senkrecht auf dem Boden. Dann dreht sie den Deckel mit Schwung, sodass er mehrfach um die eigene Achse herum kreiselt, schließlich immer langsamer wird und laut zu Boden fällt. Die Kinder beobachten das Schauspiel und hören den Lärm am Ende. Anschließend verbinden Sie das Spiel mit einem Vers, den Sie sprechen oder singen (Melodie z.B. „Dreht euch nicht um, der Plumpsack geht herum").

Seht euch mal um,	
der Deckel dreht herum.	*Den Decken andrehen.*
Doch irgendwann,	
da macht er Quatsch,	
der Deckel fällt	*Wenn der Deckel fällt,*
mit einem Platsch.	*sagen alle laut „platsch"!*

Variation: Ein Kind übernimmt das Drehen des Deckels. Im Bewegungsraum kann man übrigens auch einen Gymnastikreifen zum Drehen wählen.

Hinweis: Das Spiel kann laut werden. Beachten Sie die Gefühle jüngerer Kinder. Sie könnten sich erschrecken. Ersatzweise kann man auch einen Plastikteller nehmen.

Mäuse unterwegs

+2½

Material: Xylophon oder Glockenspiel, Schlegel
Für die Variation: Handtrommel

Erzeugen sie auf dem Glockenspiel oder auf dem Xylophon einen „Bewegungsklang", indem sie einen Schlegel in raschem Wechsel hin und her bewegen. Gehen Sie auf diese Weise die Tonleiter auf- und abwärts. Die Kinder spielen dazu

„Mäuse". Sie krabbeln auf allen Vieren über den Boden oder laufen schnell umher.

Plötzlich verstummt der „Bewegungsklang". Die „Mäuse" laufen schnell ins Haus (verstecken sich z.B. unter einem Tisch). Wenn der „Bewegungsklang" erneut ertönt, kommen die Mäuse wieder heraus und setzen ihre Bewegung fort.

Variation: Die Kinder gehen im Kreis herum oder laufen kreuz und quer durch den Raum. Die Spielleitung schlägt dazu rhythmisch auf einer Handtrommel. Die Kinder sollen beim Gehen laut und kräftig aufstampfen (wie dicke Elefanten). Dann beginnt die Spielleitung, schneller zu trommeln. Schließlich läuft sie mit der Trommel und alle Kinder laufen mit. Zum Schluss schlägt sie einmal kräftig auf die Handtrommel. Jetzt heißt es für die Elefanten: „Schlafen legen". Die ganze Herde streckt sich auf dem Boden aus – bis das Spiel von vorne beginnt.

Bewegungsklänge
Kleine Kinder mögen es, mit dem ganzen Körper auf Töne und Klänge zu reagieren. Oftmals wippen, schaukeln, tanzen oder laufen sie im Rhythmus einer Musik. Rhythmische Bewegungsspiele sind ein Brückenschlag zwischen Gehör- und Bewegungssinn.

Indianer auf dem Kriegspfad +2

Indianer müssen ganz leise gehen, damit kein Feind sie entdecken kann. Gehen Sie gemeinsam mit den Kindern nach folgenden Anweisungen durch den Raum:

- Ganz leise flüstern.
- Auf leisen Sohlen durch den Raum schleichen.
- Die Stühle ganz leise in den Stuhlkreis (oder wieder zurück) bringen.
- Das Frühstück leise wegräumen.
- Die Tür ganz leise schließen.

Plötzlich ruft, johlt oder trommelt die Spielleitung und schon dürfen die Indianer wieder laut sein.

Leise Verse

Singen oder sprechen Sie die nachfolgenden Verse jeweils mehrmals hintereinander. Sprechen Sie bei jeder Wiederholung leiser und leiser, bis Ihre Stimme kaum noch hörbar ist.
Text: überliefert

Stille
Stille, stille,
kein Geräusch gemacht!
Darum seid nur alle still,
weil der Peter ruhen will.
Stille, stille,
kein Geräusch gemacht.

Der Wasserhahn
Tropf, tropf, Wasserhahn,
ich höre dir jetzt zu.
Tropf, tropf, Wasserhahn,
jetzt hab ich endlich Ruh.
Tropf, tropf, Wasserhahn,
du singst mir jetzt ein Lied.
Tropf, tropf, Wasserhahn,
jetzt werd' ich still und müd'.

Sprechen Sie den Vers und trommeln dazu leise mit den Fingerspitzen auf einem Stuhl, einem Tisch oder auf dem Fußboden.

Hinweis: Setzen Sie den Vers ein, wenn die Kinder sehr laut und unkonzentriert wirken. Sie können ihn auch als Einschlafhilfe im Schlafraum benutzen.

Stille Momente
Obwohl es in Krippengruppen meist leiser zugeht als in Gruppen mit älteren Kindern, kann es dennoch für die Kleinen zwischenzeitlich konzentrationsfördernd und erholsam sein, wenn auf Ruhe bzw. Stille geachtet wird. Übergänge zwischen Spielen, Mahlzeiten, täglichen Verrichtungen sowie Entspannungs- und Schlafphasen sollten hin und wieder mit einem leisen bzw. stillen Ritual eingeleitet werden.

Klitzekleines Zwerglein

+2

Material: Xylophon oder Glockenspiel

Legen Sie unter eine Seite des Xylophons ein dickes Buch o. Ä., sodass es schräg zu den Kindern zeigt. Verwandeln Sie Ihren Daumen in einen „Zwerg“, indem Sie ihm z. B. ein Gesicht aufmalen (evtl. kleine Mütze aus Stoff oder Papier aufsetzen).

Text: überliefert

Klitzekleines Zwerglein,	*Gehen Sie mit dem Zwerg das Xylophon hinauf.*
steigt mal auf ein Berglein.	*Die andere Hand spielt die Tonleiter aufwärts.*
Klopft an,	*Oben angekommen mit dem Schlegel klopfen.*
rutscht aus,	*Die Tonleiter mit Zwerg hinunterrutschen.*
läuft ganz schnell nach Haus.	*Schlegel und Zwerg gehen hinter den Rücken.*

Variation: Nun spielen die Kinder selber mit, indem sie ihren eigenen Daumen auf den Kopf steigen lassen, anklopfen, ausrutschen und mit den Fingern über den Boden nach Hause laufen.

Wer ist das?

+2½

Material: Handtrommel (ersatzweise kann auf der Tischplatte gespielt werden)

Trommeln Sie laut und langsam mit den Händen auf der Handtrommel. Lassen Sie in der zweiten Strophe die Finger schnell über die Trommel flitzen und schließlich hinter dem Rücken verschwinden.

Text: überliefert

Ei, wer kommt denn jetzt daher?
Ist das nicht ein brauner Bär?
Oder gar ein Elefant?
Der aus dem Dschungel kommt gerannt?

Nein, es ist ein kleines Mäuschen
und es sucht ein kleines Häuschen.
Ei, wo ist es, sag es doch!
Hier ist das kleine Mauseloch.

Wie riecht das?

SCHNÜFFELNASEN UNTERWEGS

Manche Düfte wecken angenehme oder unangenehme Erinnerungen. Sie können anregend bzw. beruhigend wirken und darüber hinaus Konzentrationsvermögen, Vorstellungskraft und Gedächtnis fördern. Sorgen Sie in der Krippe für ausreichend Frischluft und angenehme Düfte (z.B. Holz, Naturmaterialien).

Duft-Kräuter-Garten

+2½

Material: vorgezogene Kräuter aus der Gärtnerei (z. B. Thymian, Rosmarin, Zitronenmelisse, Kamille, Basilikum, Oregano, Salbei), Obstkiste, Pflanzerde, Alufolie, (Sprühflasche mit Wasser)
Für die Variation: einzelne Blumentöpfe aus Ton, Fingerfarbe

Legen Sie eine Obstkiste mit Alufolie aus, füllen Sie Pflanzerde ein und pflanzen Sie verschiedene Kräuter hinein. Schon ist der Kräutergarten entstanden.
Die Kinder dürfen den Garten ab und zu mit Wasser einsprühen.
Stellen Sie den Garten auf die Fensterbank. Lassen Sie die Kinder hin und wieder an den Kräutern schnuppern.

Variation 1: Pflanzen Sie die Kräuter einzeln in je einen Blumentopf.
Variation 2: Die Großen malen auf jeden Topf ein Gesicht. Die Kräuter sind dann lustige „Haare".

Kräuter für die Sinne
Wählen Sie stark duftende Kräuter aus und züchten Sie diese in einem Beet oder Mini-Kräutergarten. Damit Riechen und Schmecken gleichermaßen angesprochen werden, können Sie vor dem Kinderfrühstück oder Mittagessen einige Blättchen ernten, riechen und probieren lassen bzw. auf Speisen geben. Ideal ist eine sog. Kräuterspirale oder Kräuterschnecke für Küchenkräuter im Garten. Die Spirale wird aus Steinen gelegt, windet sich um einen Steinhaufen und steigt dann kontinuierlich an. Es werden verschiedene Feucht- und Klimazonen für unterschiedliche Kräuter geschaffen.

Riechdosen

+2½

Material: leere Gläser von Babynahrung (ersatzweise Filmdosen), duftende Lebensmittel (z. B. stark duftendes Obst, Käse, Tee, getrocknetes Gartenkraut, Zitronensaft, Pfefferminztee, Knoblauch, Senf)

Füllen Sie Gläser von Babynahrung mit einem duftenden Lebensmittel.
Lassen Sie die Kinder an 1–2 Gläsern riechen und verschließen Sie die Gläser anschließend wieder. Später können Sie bei Riech-Versuchen die Anzahl der Gläser erhöhen.

Hinweis: Bei Kleinkindern kommt es zunächst nicht darauf an, dass die Gerüche bzw. Duftquellen erraten werden. Lassen Sie die Kleinen einfach mal schnuppern! Die durchsichtigen Gläschen erlauben, den Duft (visuell) einem Lebensmittel oder Material zuzuordnen.

Wie kommt der Duft in die Dose?
Kleinkinder sollen zunächst einmal einen Duft ganz bewusst wahrnehmen. Erst im Kindergartenalter sind sie dann wirklich in der Lage, unterschiedliche Düfte zuzuordnen und zu benennen. Riechdosen sind ein erster Schritt, Kinder spielerisch in die Welt der Düfte zu begleiten. Spezielle „Riech-Spiele“ sollten möglichst mit Schmeck- und Tasterfahrungen kombiniert werden und in alltägliche Spiel- und Lebenssituationen eingebunden sein.

Duftbild für die Sinne

+3

Material: Pappkarton, Tapetenkleister (mit Wasser angerührt), duftende Gewürze, z.B.: Gewürznelken, Zimt (-stangen), Curry, Paprika, Muskat, Lavendel, Oregano, Pfefferminze, Thymian, Kamillenblüten, Kümmel, Orangenschale, getrocknete Orangenscheiben

Zunächst schnuppern die Kinder an verschiedenen Gewürzen bzw. getrockneten Kräutern. Dann heißt es: vier bis fünf Düfte für ein Duftbild auswählen.
Dazu wird Pappe mit Tapetenkleister eingestrichen (entweder ganz oder in Teilen). Dann streuen die Kinder mit den Fingern Kräuter und Gewürze auf den Untergrund.

Leuchtende Farben (z.B. bei Curry oder Paprika) sprechen dabei auch den visuellen Sinn der Kinder an.

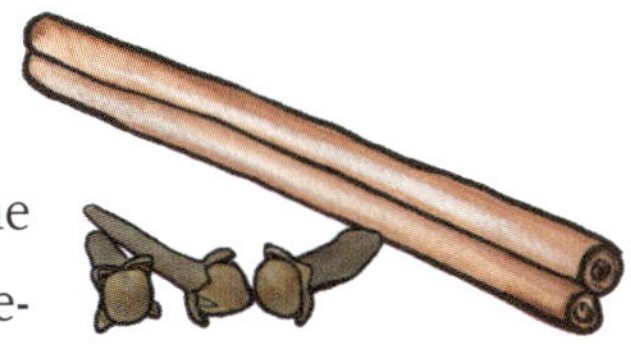

Mit zunehmendem Alter können Kinder auch gegenständliche Darstellungen produzieren (z.B. einen Regenbogen aus verschiedenfarbigen Gewürzen).
Nach dem Trocknen darf einmal richtig an dem Bild geschnuppert werden. Wie lange bleiben die Düfte erhalten?

Hinweis: Kinder unter 3 Jahren beim Umgang mit Gewürzen aufmerksam beobachten.

Schnupperstraße

+3

Material: duftende Gewürze, Kräuter, Lebensmittel, Naturmaterialien, 8–10 Schälchen

Verteilen Sie duftende Materialien auf die einzelnen Schälchen. Sie können Düfte aus verschiedenen Bereichen mischen, aber auch Düfte zu unterschiedlichen Themen zusammenstellen, z.B. nur duftende Kräuter aus dem Garten oder duftende Lebensmittel. Auch riechende Naturmaterialien (Blätter, Tannen, Rosenblüten, Gras, Baumrinde, Kiefernholz ...) sind interessant.
Stellen Sie die Schälchen zu einer Schnupperstraße auf, am besten in einiger Entfernung voneinander. Sie können die Schälchen auch nach Jahreszeiten füllen, z.B. eine vorweihnachtliche Schnupperstraße gestalten. Da duftet es vielleicht nach Lebkuchen, Vanille, Gewürznelken und Mandarinen.
Nun folgt ein Bewegungsspiel: Die Kinder sollen als Hunde auf allen Vieren umherkrabbeln und mit ihrer „Hunde-Schnüffelnase“ von Schälchen zu Schälchen schnuppern. Bei geübten Kindern werden die Schälchen vielleicht auch einmal versteckt aufgestellt, sodass sie gesucht und erschnüffelt werden müssen.

Wie riecht mein Kuscheltier? +1½

Material: Lieblingskuscheltier(e) von Zuhause, evtl. Stofftuch
Für die Variation: Das eigene „Schmusetuch“

Heute ist Kuscheltiertag. Jedes Kind kann sein Lieblingskuscheltier von zu Hause mitbringen und in der Gruppe vorstellen. Manchmal haben die Kinder ohnedies ihr Kuschel- bzw. Schlaftier in der Kita dabei.

Doch erkenne ich meinen Teddy, meinen Löwen oder meine Schmusekatze allein am Geruch wieder? Zum Einstieg gibt es nur zwei Tiere zur Auswahl, das eigene Stofftier und ein fremdes von einem anderen Kind. Bitte einmal die Augen schließen und schnuppern! Wer nicht die Augen schließen möchte, lässt sich ein kurzes Tuch über die Augen hängen, das Nase und Mund frei lässt. Zusätzlich zum Schnuppern kann auch mit den Händen getastet werden.

Dich kann ich riechen, oder? +2½

Jeder Mensch hat einen eigenen typischen Geruch. Manchmal hilft er uns, den anderen wiederzuerkennen bzw. sympathisch oder unsympathisch zu finden.
Die Kinder spielen Hunde und krabbeln auf allen Vieren durch den Raum. Auf ein Zeichen hin (Spielleitung klatscht in die Hände) suchen sie sich einen anderen „Hund“ und beschnüffeln ihn. Besonders intensiv duften oft die Haare.
Dann geht das Spiel weiter. Der nächste und übernächste Spielpartner wird beschnüffelt.

Variation: Ältere Kinder können abwechselnd mit geschlossenen bzw. verbundenen Augen schnüffeln und vielleicht sogar den Namen des Partners nennen.

Schnuffi, der Schnüffelhund

+2½

Material: Hund aus Stoff, diverse Materialien zum Schnuppern, z.B. etwas Gras (ersatzweise frische Erde oder Blätter), duftende Blumen, ein (halbierter) Apfel, 1-2 duftende Kräuter (wahlweise Thymian, Basilikum, Pfefferminze, Oregano, Salbei...), Wurst (z.B. Scheiben von Fleischwurst)

Erzählen Sie die Geschichte langsam und deutlich. Bei den fett markierten Wörtern lassen Sie die Kinder an dem genannten Material bzw. Lebensmittel riechen. Zum Schluss bekommt jedes Kind ein Stückchen Fleischwurst zum Schnuppern und Schmecken.

Schnuffi, der kleine Hund, läuft durch den Garten. Mit seiner feuchten Schnüffelnase schnuppert er über das **Gras**. Das riecht so frisch. Auf dem Gras wachsen **Blumen**.

Schnuffi schnuppert mit seiner feinen Hundenase und genießt den frischen Blumenduft. Mitten auf der Wiese liegt ein **Apfel**. Schnuffi freut sich und wedelt mit dem Schwanz. Ganz dicht geht er mit seiner Nase an den Apfel heran. Wie angenehm der Apfel riecht.

Dann läuft er in ein Kräuterbeet. Dort wachsen die schönsten **duftenden Kräuter**. Aufgeregt schnüffelt er hin und her. Jedes Kraut riecht anders.

„Schnuffi, wo bist du?“, hört er eine Stimme rufen. Schnuffi rennt zum Haus. Dort steht Klara. Sie hält eine leckere **Wurst** in der Hand.

Neugierig schnüffelt Schnuffi an der Wurst herum und bellt ganz aufgeregt. Wie lecker die Wurst riecht. Mit einem lauten „Haps“, schnappt Schnuffi zu und frisst die Wurst. Dann legt er sich in sein Hundekörbchen und träumt von duftendem Gras, von Blumen und Äpfeln, von Kräutern und von der leckeren Wurst. Hör einmal, wie Schnuffi schnarrt.

Wo kommt dieser Duft wohl her?

+3

Material: verschiedene „Duftquellen“ und einzelne Duftproben (z.B. ein Waschmittelkarton- und eine Probe Waschpulver, eine ganze Mandarine und ein einzelnes Mandarinenstückchen, ein mit Parfüm getränktes Taschentuch und eine Parfümflasche, eine Duftprobe von Kaffee und eine Kaffeedose, eine Probe Zahnpasta und eine Tube usw.), kleine Schälchen oder Eierbecher für die Duftproben

Füllen Sie Duftproben jeweils in Schälchen oder einen Eierbecher, bzw. geben Sie Parfüm auf ein Taschentuch.
Auf dem Tisch stehen die verschiedenen „Duftquellen“. Nacheinander wird geschnuppert und der Geruch der passenden Quelle zugeordnet. So legen die Kinder z.B. eine Probe von Kaffee vor die Kaffeedose, das Mandarinenstückchen neben die ganze Mandarine, das duftende Taschentuch neben die Parfümflasche.

Kleine Säckchen für die Nase

+3

Material: Baumwollstoff oder Stoff-Taschentücher, Geschenkband, (evtl. dicke Nadel und Nähgarn), Schere, Material zum Füllen (Gewürznelken, Orangenschale, Zimt, Lavendel, Zitronenmelisse, Rosmarin, Salbei, ...).
Für die Variation: evtl. Wäscheleine und Klammern

Schneiden Sie aus Stoff ca. 4–6 Rechtecke aus. Falten Sie jedes Rechteck einmal in der Mitte. Nähen Sie jedes Rechteck an zwei Seiten zu. Füllen Sie ein Duftmaterial hinein und schließen Sie das Säckchen, indem Sie es oben mit Geschenkband fest zuknoten bzw. vernähen. Sie können auch kleine Stofftaschentücher zu Riechsäckchen zusammenknoten. Nun dürfen die Kinder an den Säckchen schnuppern.

Variation 1: So verbinden Sie Riech-Spaß und Bewegung: Lassen Sie die Kinder die Säckchen auf der Handfläche balancieren, mit den Füßen greifen oder (ältere Kinder) auf dem Kopf balancieren.
Variation 2: Spannen Sie eine Wäscheleine und befestigen Sie mehrere duftende Säckchen mithilfe von Wäscheklammern daran. Die Leine wird von zwei Erwachsenen so gehalten, dass jeweils ein Kind sich recken und strecken und an den Säckchen schnuppern kann.

Der kleine Schmetterling

+2½

Material: evtll. Blume oder Blüte

Sie können zu dem Spiel auch eine reale Blume in einer Vase in die Mitte stellen und die Kinder daran riechen lassen. Andernfalls bilden Sie die Blüte mit den Händen.

Riech einmal, was kann das sein?	*Laut schnuppern.*
Eine Blume schlank und fein.	*Mit den Händen eine Blüte bilden.*
Die duftet und duftet.	*Laut schnuppern.*
Da fliegt ein bunter Schmetterling,	*Mit der anderen Hand einen*
entdeckt das kleine Blumending,	*Schmetterling andeuten.*
das duftet und duftet.	*Laut schnuppern.*
Lässt sich auf der Blume nieder,	*Der Schmetterling landet auf der Blüte.*
genießt ganz stille immer wieder,	
wie's duftet und duftet.	*Laut schnuppern.*
Ruht sich bis zum Abend aus,	
macht „Hatschiiiiii"	*Laut niesen und*
und fliegt nach Haus.	*weg fliegen.*

Variation: Basteln Sie aus einem Papiertaschentuch eine Blüte. Geben Sie einen Tropfen Parfüm darauf und lassen Sie die Kinder schnuppern.

Riechspaß zu jeder Jahreszeit

- Lassen Sie den Raum duften (Tanne oder Orangeschale auf die Heizung legen).
- Lassen Sie die Kinder draußen mal bei geschlossenen Augen schnuppern (wie riechen Tannenzapfen, Wiesenblumen, Früchte).
- Benutzen Sie hin und wieder unter Aufsicht duftende Kerzen.
- Lassen Sie die Kinder beim Frühstück an Lebensmitteln riechen bzw. den Duft vom Mittagessen genießen.
- Verwenden Sie keine ätherischen Öle bzw. Duftlampen.
- Beachten Sie bei allen Düften Vorlieben oder Abneigungen bzw. mögliche Allergien der Kinder!

Riech-Baum

$+2\frac{1}{2}$

Material: Zweig eines Baumes, verschiedene Teebeutel, z. B.: Apfel, Hagebutte, Kamille, Pfefferminz, Zitronengras, Salbei, Fenchel

Hängen Sie den Zweig an die Decke oder stecken Sie ihn in einen Eimer mit Sand. Hängen Sie nun unterschiedlich duftende Teebeutel in die Zweige des Baumes. Stellen Sie mehrere Stühle um bzw. unter den Baum. Lassen Sie die Kinder auf die Stühle steigen, um an den Baum zu gelangen. So verbinden Sie Riech- und Kletterspaß. Die Kinder sollen jeden Teebeutel mit der Nase berühren und schnuppern. Welcher Duft gefällt am besten?

Schnupper-Zwerge

+3

Material: im Text genannte Lebensmittel, z.B. Apfel, Paprika, heißer Tee, Brot, Käse, Kakao, Blume(n) in einer Vase

Spielen Sie das Spiel mit den Kindern als Fingerspiel, wobei jeder der sieben Finger einen Zwerg darstellt. Lassen Sie die Kinder im Anschluss an den realen Lebensmitteln schnuppern, die im Text erwähnt werden.

Sieben Schnupper-Zwerge kommen heim vom Berge.	*Sieben Finger zeigen.*
Der erste, der heißt „Zapfel“, der schnuppert gerne Apfel.	*Daumen der rechten Hand bewegen und mit der Nase hörbar schnuppern.*
Der zweite, der heißt „Ich-bin-da“, der schnuppert gerne Paprika.	*Den Zeigerfinger bewegen und mit der Nase hörbar schnuppern.*
Der dritte, der heißt „Je-mi-ne“, der schnuppert gerne heißen Tee.	*Den Mittelfinger bewegen und mit der Nase hörbar schnuppern.*

Der vierte, der heißt „Wichtelmann“, der schnuppert Brot, so viel er kann.	*Den Ringfinger bewegen und mit der Nase hörbar schnuppern.*
Der fünfte, der heißt „Willi Wäse“, der schnuppert gerne frischen Käse.	*Den kleinen Finger bewegen und mit der Nase hörbar schnuppern.*
Der sechste, der heißt „Super- schlau“, der schnuppert gerne mal Kakao.	*Dann den Daumen der linken Hand bewegen und mit der Nase hörbar schnuppern.*
Der siebte, der heißt „Lange Nase“, der schnuppert Blumen in der Vase.	*Den Zeigefinger bewegen und mit der Nase hörbar schnuppern.*
Sieben Schnupperzwerge laufen heim zum Berge.	*Laufbewegungen mit den Händen. andeuten*
Singend gehn sie über Wiesen, am Ende müssen alle niesen: „Hatschiii“	*„La-la-la“ singen. Laut niesen.*

Duftende Ballons

+3

Material: 1–3 Luftballons, stark riechende Substanzen zum Füllen (z. B. Zitronensaft, Vanille, Lavendel, Knoblauch, Zimt ...)

Füllen Sie einen Luftballon mit einer der oben angegebenen Substanzen (evtl. mit Hilfe eines Trichters). Die Kinder sollen dabei zuschauen. Anschließend pusten Sie den Ballon auf und verknoten ihn fest. Der Luftballon riecht tatsächlich nach seinem Inhalt, da die Geruchsstoffe durch die Gummimoleküle nach außen dringen. Geben Sie nun den duftenden Ballon im Kreis herum. Jedes Kind darf ihn an die Nase halten und schnuppern. Ältere Kinder können vielleicht sagen, wonach die Ballons riechen.

Variation: Beenden Sie den Riechspaß mit einem Luftballon-Bewegungsspiel. Der Ballon wird jetzt von Kind zu Kind gestupst.

Hinweis: Beobachten Sie Kleinkinder im Umgang mit Ballons stets aufmerksam!

Salzig oder süß?

SCHMECKEN UND GENIESSEN

Da spätere Essgewohnheiten meist im Alter von 2–3 Jahren angeeignet werden, kommt der Ernährungs- und Geschmackserziehung in der Krippe eine ganz besondere Bedeutung zu. Kleinkinder haben mehr Geschmacksknospen auf ihrer Zunge als Erwachsene. Aus diesem Grund schmecken sie viele Lebensmittel intensiver. Deshalb sollten Speisen nicht zu stark gewürzt werden.

Tierfütterung

Material: Abbildungen von Tieren, z.B. aus einem Tiermemory, Bilderbuch o.Ä. (z.B. Hund, Schnecke, Hase, Affe, Bär), Teller mit „Futter“, z.B. Banane für den Affen, Möhre für den Hasen, Salat für die Schnecke, Wurst für den Hund, Honig für den Bären, ein Stück Apfel für den Wellensittich, evtl. Messer, Brettchen, Löffel

Für das folgende Schmeck-Spiel werden verschiedene Lebensmittel gemeinsam mit den Kindern in mundgerechte Stücke geschnitten, z.B. Banane, Apfel, Möhre, Salat...(dabei eventuell die Hand des Kindes beim Schneiden führen). Anschließend verteilen die Kinder das „Futter“ auf Teller. Nun beginnt das Spiel.

- „Was frisst der Affe (...der Hund, das Kaninchen usw.)?“, fragt vielleicht die Spielleitung und weist auf das entsprechende Tierbild.
- Vielleicht muss die Spielleitung ein wenig bei der Antwort helfen. Rasch wird dann das passende „Futter“ als kleine „Schmeckprobe“ an die Kinder verteilt.
- Auf ein Zeichen hin („Guten Appetit“) darf gekostet und dabei ausgiebig gekaut werden.

Variation: Verbinden Sie Bewegung, Riechen und Schmecken, indem sich die Kinder wie Affen, Kaninchen o.Ä. bewegen und sich dann auf ein Zeichen hin (Gong) setzen und füttern lassen.

Hinweis: Vor dem Schmecken bitte schnuppern! Nahrungsmittel entfalten ihr ganz spezielles Aroma.

Riechen und schmecken – ein starkes Team
Schmecken funktioniert am besten in Zusammenhang mit dem Riechen. Wie wichtig diese Verbindung ist, zeigen Erfahrungen mit einer verschnupften Nase, denn bei einem Schnupfen können die meisten Menschen nicht richtig schmecken. Die Zunge schmeckt nur vier Grundrichtungen und zwar süß, sauer, salzig und bitter. Die Nase unterscheidet dagegen etwa bis zu 10 000 Duftrichtungen. Lassen Sie die Kinder Lebensmitteln bewusst riechen, bevor sie zu essen beginnen. Was angenehm riecht, schmeckt zumeist auch gut.

Knabbermaus allein zu Haus

+2½

Material: Käse, Cornflakes, Apfel, Möhre, Nüsse, Schälchen, Schneidebrett, Messer

Bereiten Sie Schmeck-Proben vor, indem sie Käse (z.B. Gouda) in Würfel schneiden, Apfel und Möhre aufschneiden, Cornflakes und Nüsse in Schälchen geben. Geschickte Kinder dürfen dabei helfen.
Halten Sie die Nahrungsmittel (vielleicht unter einem Tuch) bereit, wenn Sie folgende Geschichte erzählen: Reichen Sie den Kindern jeweils das Nahrungsmittel zum Probieren, das gerade erwähnt wird. Das Mäuschen können Sie mit Ihren Händen bzw. einer Plüschmaus darstellen.

> Im Haus wohnt eine kleine Knabbermaus. Geschwind krabbelt sie an einem Tischbein hoch auf den Tisch. Dort entdeckt sie ein Stück **Käse** und frisst ein wenig davon. Aber satt ist sie immer noch nicht. Auf der Fensterbank wartet ein Schälchen mit **Cornflakes**. Mäuschen knuspert davon, aber satt ist es immer noch nicht. Gleich daneben steht ein Korb mit Äpfeln. Mit ihren spitzen Zähnen nagt die kleine Maus an einem **Apfel**, aber satt ist sie immer noch nicht.
> Wie wäre es mit einer **Möhre**? Die liegt gleich neben den Äpfeln auf dem Fensterbrett. Sie nagt ein großes Loch in die Möhre, aber satt ist sie immer noch nicht. Da sieht sie ein paar **Nüsse** auf der Erde liegen. Mäuschen krabbelt an einem Tischbein herunter und knabbert vergnügt die Nüsse von der Erde auf. Da hört sie, wie die Menschen zurückkommen. Ein Schlüssel klappert, eine Tür wird geöffnet. Erschrocken flitzt die Knabbermaus zurück ins Mauseloch. Satt und zufrieden schläft sie ein.

Hinweis: Lassen Sie den Kindern genügend Zeit zum Probieren, bevor Sie weiterlesen. Wiederholen Sie die Geschichte vielleicht später mit anderen Nahrungsmitteln.

Süße Früchten

Material: Obst-Stückchen (z.B. von Mandarine, Kirsche, Kiwi, Apfel, Banane, Weintraube), Messer, Brettchen, Zahnstocher, großer Teller, Würfel mit Farben
Für die Variation: Plastikflasche

Je nach Alter und Geschicklichkeit können die Kinder dabei helfen, größere Obstteile in Stücke zu schneiden. Dann werden die einzelnen Obstsorten auf Zahnstocher aufgespießt und auf einen großen Teller gesetzt. Das Spiel beginnt!

Reihum wird mit dem Farbenwürfel gewürfelt. Immer, wenn die Farbe Rot erscheint, darf das entsprechende Kind ein Obst-Spießchen seiner Wahl probieren.
Wie schmeckt es denn? Es wird so lange gewürfelt, wie die Kinder Freude am Spiel haben.

Variation: Statt des Würfels kann eine leere Plastikflasche auf dem Tisch auf der Stelle gedreht werden. Wohin zeigt der Flaschenhals? Das so ausgewählte Kind darf sich ein Obst-Spießchen aussuchen.

Hinweis: Kinder sollten freiwillig und mit Lust essen und nicht zum Probieren gedrängt werden.

Schmeck-Spiele wann und wo?
Spiele, die das Schmecken ansprechen, spielt man vielleicht zu einem kleinen Imbiss zwischen den Hauptmahlzeiten oder am Nachmittag, z.B. im Gruppenraum, in der Essecke, im Kinderrestaurant, in der Küche oder im Sommer draußen auf der Wiese bei einem Picknick auf einer Decke. Im Rahmen des freien Spiels sollte auch mal ein „Schmeck-Stand“ oder ein „Kostproben-Tablett“ aufgestellt werden, z.B. zu bestimmten Themen und Jahreszeiten („Erdbeerzeit“, „Apfelernte“, „Kräuter und Gewürze“, „Weihnachtszeit“).

Lustige Gesichter

+2½

Material: Naturjoghurt (nicht zu flüssig), 4–6 Teller (je nach Anzahl der Kinder), Früchte z.B. Kiwi, Kirschen, Erdbeeren, Apfel, Banane, Clementine, Nüsse

Verteilen Sie mit älteren Kindern jeweils einen Becher Joghurt auf einem tiefen Teller. Streichen Sie den Joghurt mit einem Löffel glatt, sodass eine kreisrunde Form entsteht. Die Kinder gestalten mithilfe der Zutaten Augen, Nase, Mund auf dem Joghurt oder kreieren ein Fantasiebild.

Variation: Gesichter kann man auch auf einer Scheibe Brot, auf Kartoffelbrei oder einer runden Scheibe Wurst entstehen lassen, hier am besten in Kombination mit herzhaft schmeckenden Lebensmitteln wie z.B. Radieschen, Paprika, Kresse, Quark, Hüttenkäse.

Gegensätze ziehen sich an

+3

Material: Nahrungsmittel unterschiedlicher Geschmacksrichtungen z.B. süßer Keks – salziger Brezel, süßer Zucker – saure Apfelsine (Zitrone)
Für die Variation: Gegensätzliche Konsistenzen wie z.B. warmer Tee – kaltes Wasser, hartes Vollkornbrot – weiches Weißbrot, rohe Tomaten – gekochte Tomaten usw.

Die Kinder dürfen zwei unterschiedliche Geschmacksproben unmittelbar hintereinander kosten. Selbst wenn sie noch nicht die Begriffe wie „süß“ oder „salzig“ nennen können, so ist hier allein das Geschmackserlebnis von Bedeutung, bzw. die Benennung von Gefühlen, Vorlieben, Abneigungen.

Variation: Nach einer kurzen Pause dürfen weitere Gegensätze probiert werden, wie z.B. warmer Tee – kaltes Wasser, rohe Tomaten – gekochte Tomaten usw.

Das Monster Nimmersatt

+2½

Material: flacher Pappkarton, Schere, Fingerfarbe oder Stifte, diverse Lebensmittel zum Raten (Obst, Gemüse, aber auch ein paar Kekse o.Ä.), Teller

Hin und wieder dürfen sich zwei Kinder gegenseitig füttern, z.B. mit Obststückchen.

Wenn Kinder mit dem Füttern Erfahrung haben, dann spielen Sie folgendes Spiel: Schneiden sie eine kleine Öffnung in einen flachen Pappkarton und stellen Sie den Karton auf einen niedrigen Tisch. Der Karton ist der Kopf eines gierigen Monsters

(ein paar Augen oberhalb der Mundöffnung aufmalen).

Jetzt beginnt die Fütterung des Monsters. Ein Kind hockt sich hinter den Karton, steckt den Kopf hinein und hält den geöffneten Mund dicht an die Öffnung im Karton. Ein anderes Kind darf füttern, indem es z.B. ein Stückchen Apfel oder einen Keks durch die Mundöffnung des Monsters direkt in den Kindermund schiebt.

Das Kind kaut und schmatzt und vielleicht kann es auch etwas dazu sagen (z. B. den Namen des Lebensmittels).

Brei-Buffet

+1½

Material: Grießbrei o. a. Brei, Kochtopf, Schneebesen, Milch oder Wasser, verschiedene Zugaben: z. B.: Kakao, Müsli, Obstmus, Obststückchen, (z. B. von Apfel, Kirsche, Banane, Pfirsich ...), Obstsaft, Schüsseln, Löffel, Teller
Für die Variation: Kartoffeln, Kochtopf, Milch, Pürierstab, Schneebesen, gekochtes Gemüse (z. B. Möhren, Brokkoli, Tomaten, Spinat, Erbsen, Mais) in Stückchen oder als Püree

Kochen Sie Babybrei nach Packungshinweis und verteilen Sie ihn auf 6–8 verschiedene Schüsseln. Stellen Sie die Schüsseln in einer Reihe nebeneinander auf. Die Kinder geben in jede Schüssel einen anderen Zusatz, z. B.: Kakao, Müsli, Obstmus.
Stellen Sie in jede Breischüssel einen großen Löffel. Die Kinder schöpfen sich etwas Brei auf den Teller und probieren.

Variation: Kochen Sie Kartoffelbrei, verteilen den Brei in Schüsseln und geben in jede Schüssel einen anderen Gemüse-Zusatz (als Püree oder in kleinen Stückchen). Schon gibt es rotes Tomaten-, grünes Brokkoli- oder orangefarbenes Möhren-Püree.
Stellen Sie die Schüsseln zu einem „Buffet" auf. Jetzt darf sich jedes Kind eine Probe nehmen. Vielleicht kochen Sie für alle Würstchen dazu. Schon haben sie ein selbst zubereitetes Mittagessen.

Kinderköche in Aktion
Vielleicht dürfen sich die Kinder in der Krippe oder Kita einmal in der Woche ein Lieblingsessen wünschen, bei dessen Zubereitung sie helfen können. So wird der Speiseplan lebendig und Essen zum Genuss. Da heute viele Familien immer weniger selbst kochen und auch die Herkunft von Lebensmitteln für Kinder oft nicht nachvollziehbar ist („Wachsen Äpfel im Supermarkt?"), haben selber Kochen und Backen für Kinder große Bedeutung. Einkaufen und Zubereiten bieten sinnliche Erfahrungen, fördern die Wertschätzung der Nahrung und machen darüber hinaus jede Menge Spaß.

Billi Bär kocht süßen Brei

+2½

Material: Schälchen mit fertig gekochtem Kinderbrei – (z.B. Milchbrei), Esslöffel (beides nach Anzahl der Mitspieler), ein Glas Honig

Erzählen Sie folgende Geschichte. Immer, wenn das Wort **Brei** vorkommt, sollen die Kinder einen Löffel Brei aus ihrer Schüssel kosten.

> Billi Bär wohnte mit seiner Familie in einem Bärenhaus im Wald. In der Bärenküche kochte er jeden Tag für fünf Kinder einen großen Topf mit süßem Milch-**Brei**. Ein verführerischer Duft zog durchs Haus, und so kamen die Kinder angerannt, holten Teller und Löffel und warteten hungrig vor dem Ofen, um den **Brei** zu kosten. Doch eines Tages rief ein Bärenkind: „Wir möchten Honig-**Brei!**“ „Ja, Honig-**Brei**!“, wiederholten die anderen Kinder im Chor.
> Der Vater schüttelte den Kopf. „Wir haben keinen Honig mehr im Haus. Außerdem: wie kocht man Honig-**Brei**?“
> Ein kleiner Bär hatte eine Idee: Er nahm ein Töpfchen und rannte in den Wald zur Bienenkönigin. „Kannst du uns Honig schenken?“, fragte der Bär. „Nimm dir Honig aus dem Bienenhaus“, antwortete die Bienenkönigin. Der kleine Bär füllte das Töpfchen mit Honig und rannte zurück nach Hause.
> Inzwischen hatte der Vater wieder den bekannten Milch-**Brei** gekocht. Er dampfte in einer Schüssel auf dem Tisch. Doch Milch-**Brei** allein schmeckt noch nicht süß genug. „Eins, zwei, drei, Zauberei!“, rief das Bärenmädchen, und dann nahm es das Töpfchen mit dem Honig und ließ den süßen Inhalt in die Schüssel mit dem Milch-**Brei** laufen. „Honig-**Brei**!“, riefen die Bärenkinder. Begeistert tauchten sie ihre Tatzen in den frischen Brei und rührten und leckten sich die Pfoten ab.

Hinweis: Veranschaulichen Sie ihre Erzählung, indem Sie den Kindern an den passenden Stellen ein Glas mit Honig zeigen. Zum Schluss das Experiment! Wir geben selber ein wenig Honig in unseren Brei und probieren.

Teebar und Saftladen

Material: verschiedene nicht aromatisierte Tees (z. B. Apfel, Orange, Fenchel, Hibiskus, Pfefferminz, Zitrone, Himbeere, Vanille) oder nicht gezuckerte Säfte (z. B. Apfel, Kirsche, Orange, Birne, Johannisbeere), viele Gläser oder Becher

Bauen Sie einen „Schmeck-Stand“ für durstige Kehlen auf. Kochen Sie verschiedene Tees und geben Sie diese in Gläser oder Becher. Füllen Sie die Gefäße nur bis zu einem Viertel. Stellen Sie die Tees in Gruppen auf. Häufig unterscheiden sie sich schon von der Farbe her. Die Kinder probieren. Gibt es einen Lieblingstee?

Variation: Statt der Tees können Sie auch Fruchtsäfte ohne Zucker wählen, die mit Mineralwasser verdünnt sind. Säfte lassen sich gut mit einer Saftpresse bzw. einem Entsafter mit den Kindern gemeinsam herstellen.

Der Frühstücks-Zug

Material: mehrere Schuhkartons, Paketschnur, Schere, verschiedene Lebensmittel, die Kinder zum Frühstück mitgebracht haben, alternativ Kostproben aus der Küche

Schuhkartons werden als Wagen des Frühstückszugs hintereinander aufgereiht und mit Paketschur verbunden. Dazu in jeden Karton vorne und hinten ein Loch bohren, die Schnur durchfädeln und verknoten. Am vorderen Karton sollte das Band so lang sein, dass ein Kind (oder die Spielleitung) als „Lok“ den Zug hinter sich herziehen kann.

Die Kinder legen nun ihr Frühstück in einen Wagen des Zuges. Anstelle des eigenen Frühstücks können auch Kostproben aus der Küche (z.B. Obst) transportiert werden. Während der Zug durch den Raum gezogen wird, sprechen alle Kinder die Verse und klatschen dazu. Der Zug kann auch um den Esstisch herumfahren. Sobald der Zug anhält, nehmen die Kinder ihr Frühstück aus dem jeweiligen Karton und gehen zum Esstisch.

Zug, Zug Frühstücks-Zug,
Frühstück ist für Kinder gut.

Apfel, Birne, Joghurt, Brei,
viele Kinder sind dabei.

Zug, Zug, Frühstücks-Zug,
Frühstück ist für Kinder gut.

Butterbrot und Käse-Ecke,
der Zug fährt eine lange Strecke.

Zug, Zug Frühstücks-Zug,
Frühstück ist für Kinder gut.

Gurke, Möhre und Tomate,
Frühstück komme schnell, ich warte.

Zug, Zug bleib mal stehn,
wir wollen jetzt zum Frühstück gehn.

Mal sehn, was es heut Leckres gibt.
Wir wünschen guten Appetit!

Variation: Anstelle des Zugs aus Kartons bilden die Kinder selber einen Zug. Sie fassen sich bei den Händen oder legen ihre Hände auf die Schultern des Vordermanns. Nach dem Satz: „Wir wünschen guten Appetit“, holen die Kinder ihr Frühstück herbei und setzen sich an den gedeckten Tisch.

Hinweis: Wer möchte mal sein Frühstück vorstellen („Heute habe ich einen Apfel mit“), vielleicht auch mal etwas mit dem Nachbarn tauschen, probieren und erzählen, wie es schmeckt?

Der Zauberapfel

Material: dicker Apfel, Tuch, Obstmesser

Legen Sie den Apfel auf den Tisch und decken ein Tuch darüber.

Der Zipfel,
der Zapfel.
Der Kipfel,
der Kapfel.

Bewegen Sie Ihre Hand über dem Tuch
und sprechen Sie den Vers
wie einen geheimnisvollen Zauberspruch.

Schaut her,
das ist mein Zauber-Apfel.

Ziehen Sie am Ende das Tuch weg,
sodass der Apfel sichtbar wird.

Ich klopfe an,
ich schließe auf,
schon bin ich
in dem Apfelhaus.

Klopfen Sie an dem Apfel an,
teilen Sie ihn mit dem Messer und
zeigen Sie den Kindern die beiden Hälften.

Dort wohnt
Familie Apfelkern,
die mögen viele Kinder gern.

Weisen Sie auf Kerne und Kerngehäuse.

Eins, zwei, drei,
vier, fünf, sechs, sieben,
wo sind die Kerne
denn geblieben?

Teilen Sie den Apfel weiter auf
und schneiden Sie
blitzschnell die Kerne heraus.

Probiert einmal den Zipfel,
den Zapfel,
den Kipfel,
den Kapfel,
den Zauberapfel.

Geben Sie jedem Kind ein
Apfelstück zum Probieren.

Hinweis: Falls nicht alle ein Stück bekommen haben, wiederholen Sie das Ganze mit einem weiteren Apfel.

Alles im Gleichgewicht?

BEWEGEN, SCHAUKELN UND BALANCIEREN

Der Gleichgewichtssinn (vestibuläres System) ist der „Dirigent im Konzert der Sinne". Er regt sinnliche Wahrnehmungen an, reguliert und integriert sie. Wird der Gleichgewichtssinn bzw. der Bewegungssinn stimuliert, so fördert dies die Gehirnentwicklung und das Lernvermögen. So kann ein Kind über bestimmte Rezeptoren im Körperinneren z.B. bei geschlossenen Augen die eigene Nase berühren, ein Bein oder einen Arm ausstrecken oder in die Hände klatschen.

Mein Bild von meinem Körper +1

Material: Fingerfarben, Tapetenkleister, Kindercreme (evtl. die Creme mit Farbpigmenten oder Lebensmittelfarbe färben), breite, flache Schalen, große Spiegel, Plastikfolie oder Tapete
Für die Variation: dicke Stifte bzw. Wachsmaler oder Kindercreme

Geben Sie Fingerfarben (bzw. Kleister, Wasser-Mehl-Gemisch oder Kindercreme) in breite, flache Schalen. Die Kinder dürfen mit den Füßen in die Farbe treten bzw. mit den Händen hinein patschen. Anschließend können alle Mitspieler ihre Füße oder Hände auf einem Spiegel, einer Folie oder Tapete abdrücken.
Es geht übrigens auch mit Wasser bzw. mit Sand: Im Sommer draußen einfach die Füße mit Wasser nass machen und über Steinplatten laufen oder die Hände bzw.Füße in nassen Sand drücken.

Variation (ab 2½ Jahren): Ein Kind legt sich im Sommer in den Sand. Ein Erwachsener oder ein älteres Kind zeichnet mit einem Stöckchen vorsichtig am Körper entlang die äußeren Konturen des Kindes. Als Alternative legt sich das Kind auf eine lange Bahn Tapete oder es stellt sich vor eine Wandtafel. Jetzt mit Stift oder Kreide die Körper-Konturen zeichnen. Wenn das Kind seinen Platz verlässt, so bleiben die Umrisse.
Oder das Kind legt sich auf einen langen Spiegel, der am Boden liegt. Mit Kindercreme werden am Körper entlang ringsum die Konturen gezeichnet. Dann bitte aufstehen und die Umrisse bestaunen.

Krabbeln, laufen, klettern

+1

Material: Weichbodenmatte, Bretter, Teppichfliesen, Kisten oder Kartons, Polster, Podeste, Leiter mit 2–3 Stufen, Autoreifen, Tische, Kartons

So fördern Sie den Bewegungssinn: Bauen Sie einen „Krabbelgarten“ oder eine kleine „Bewegungslandschaft“ mithilfe der o.g. Materialien:

- Für Kinder, die bequem krabbeln, bauen Sie einen Krabbelweg aus unterschiedlichen Teppichfliesen, Matten, Brettern.
- Erhöhen Sie ein Brett einseitig mit einer Kiste oder einem Podest.
- Bauen Sie eine Rutsche mit einer Weichbodenmatte, die Sie einseitig mit Kisten oder Autoreifen erhöhen.

- Krabbelhindernisse bzw. Stufen aus Podesten und Polstern einsetzen.
- Eine einfache Trittleiter kann als Starthilfe dienen um sich in den Stand hochzuziehen, ebenso stabile Kästen und Haltestangen an der Wand.
- Bauen Sie einen Tunnel aus Tischen, Autoreifen oder Kartons.

Das Mäusehaus

+1½

Material: Seile, Matten, Gymnastikreifen
Für die Variation: Tamburin oder Handtrommel

Legen Sie aus Seilen, Matten oder Gymnastikreifen ein „Mäusehaus“. Die Kinder sitzen im Mäusehaus und bewegen sich gemeinsam dem Text entsprechend.

Wir öffnen jetzt das Mäusehaus,	*Die Kinder verlassen das Haus*
die Mäuse krabbeln zur Tür heraus.	*und krabbeln als Mäuse*
Sie krabbeln durch die weite Welt,	*durch den Raum.*
so wie es ihnen grad gefällt.	
Dann ist das Krabbeln aus,	*Bei dem Wort „aus“ geht es*
die Mäuse geh‘n nach Haus.	*ins Haus zurück.*

Variation: Schlagen Sie bei dem Wort „aus“ auf eine Trommel. Wiederholen Sie das Spiel mit anderen Tieren („Die Bienen fliegen zur Tür heraus“, „Die Katzen schleichen“, „Die Affen springen“ usw.).

Schiffschaukel

Material: eine weiche Bodenmatte

Fassen Sie das Kind unterhalb der Arme und falten Sie Ihre Hände vor der Brust des Kindes. Eine weitere Erzieherin bzw. ein älteres Kind fasst die Beine des Kindes. Schaukeln Sie das Kind hin und her. Sprechen Sie den Schiffspruch dazu. Zum Schluss lassen Sie das Kind auf die Matte plumpsen.

Schiffschaukel, Schiffschaukel,
wir fliegen übers Haus.
Schaukel, Schiffschaukel,
wir wollen hoch hinaus.
Schiffschaukel, Schiffschaukel,
wir fliegen übers Land,
Schiffschaukel, Schiffschaukel,
wir reichen uns die Hand.
Schiffschaukel, Schiffschaukel,
wir fliegen über Berge.
Schiffschaukel, Schiffschaukel,
wir treffen sieben Zwerge.
Schiffschaukel, Schiffschaukel,
wir landen jetzt im Gras.
Schiffschaukel, Schiffschaukel,
macht allen Kindern Spaß.

Variation: Schaukeln Sie das Kind liegend in einem Bettlaken, in einem Wäschekorb oder in einer Hängematte. Auch in einem Krabbeltunnel, in einer biegsamen Matte (zu einer Röhre zusammenbinden) oder in einem nagelneuen Regenfass kann geschaukelt werden. Oder Sie lassen das Kind bäuchlings über einem Ball schaukeln (Petziball, Wasserball).

Körperschaukel

+6M

Material *für die Variation:* Schaukelstuhl, Petziball, Drehstuhl o.Ä.

Kleine Kinder schaukeln gern am Körper des Erwachsenen. Hier einige Möglichkeiten:

- Fassen Sie das Kind unter den Armen und falten Sie Ihre Hände vor der Brust des Kindes. Beugen Sie sich vor und schwingen Sie das Kind nun hin und her.
- Lassen Sie das Kind auf ihren gefalteten Händen und Unterarmen sitzen (es lehnt sich mit seinem Rücken an Ihren Körper). Schwingen Sie es vor Ihrem Körper hin und her.
- Legen Sie das Kind mit der Brust auf Ihren Unterarm, wobei Ihre Hand den Arm des Kindes umfasst. Ihre andere Hand fasst zwischen den Beinen des Kindes durch und hält seinen Bauch. Lassen Sie das Kind vor Ihrem Körper auf und ab, vor und zurück schweben.
- Legen Sie sich mit dem Rücken auf den Boden. Beugen Sie die Beine an. Heben Sie die Unterschenkel und legen Sie das Kind darauf. Halten Sie das Kind fest und schaukeln Sie selbst dabei hin und her.

Variation: Setzen Sie sich mit einem Kind, das Trost und Beruhigung benötigt, auf einen Schaukelstuhl (bzw. großen Petziball, Drehstuhl o. Ä.). Wiegen Sie sich mit dem Kind auf dem Schoß sanft hin und her. Vielleicht singen Sie zur Beruhigung ein Lied dazu oder sprechen einen kleinen Vers.

Schlangenbeschwörung

+2½

Material: Straßenkreide

Für die Variation: langes Tau oder „Zauberschnur“

Zeichnen Sie mit Kreide eine lange Schlange auf den Boden. Die Schlange besteht aus zwei parallel verlaufenden Linien. Zwischen den Linien sollen die Kinderfüße ausreichend Platz haben (Abstand etwa: 10–12 cm). Nun darf ein Kind nach dem anderen die Schlange „ablaufen“, indem es vorsichtig einen Fuß vor den anderen setzt.

Variation: Legen Sie eine lange Schlange aus einem Tau oder einer Zauberschnur. Die Kinder gehen barfuß darüber.

Balancier-Spiele
Balancieren bedeutet: Sieg über die Schwerkraft. Lassen Sie die Kinder draußen über Mauern, Baumstämme, dicke Steine o. Ä. gehen. Auch im Gruppenraum oder im Bewegungsraum gibt es jede Menge Möglichkeiten, den Gleichgewichtssinn durch Balancierspiele zu üben.

Die Wunderblume

+2½

Material: 6–8 runde Kissen

Legen Sie aus den Kissen eine Blume. Ein Kissen bildet den Mittelpunkt der Blüte, die anderen Kissen werden als Blütenblätter ringsum auf die Erde gelegt. Nun geht jeweils ein Kind von Blütenblatt zu Blütenblatt und schließlich in die Mitte. Dabei muss das Gleichgewicht ausbalanciert werden.

Variation: Lassen Sie die Kinder durch den Raum gehen bzw. laufen. Auf ein Zeichen hin (Trommelschlag) versucht jedes Kind ein Blütenblatt zu erreichen. Wenn viele Kinder mitspielen, erweitern Sie die Zahl der Kissen.

Balancierstraßen

+2½

Material: Turnmatten, dicke Bausteine, Wärmflaschen, Luftmatratzen, Holzkisten, Seilchen, Bierdeckel, Teppichfliesen, Deckel von Schuhkartons, Bretter oder Latten, Turnbank, Autoreifen

Aus den o.g. Materialien können sich Spielaktionen entwickeln:

- Legen Sie große, dicke Bausteine auf einer rutschfesten Matte hintereinander. Wer möchte darüber balancieren?
- Legen Sie mit Wasser gefüllte Wärmflaschen, Luftmatratzen, Luftkissen u. Ä. zu einem wackeligen Weg.
- Bauen Sie einen Steg aus vielen Holzkisten.
- Rollen Sie dünne Matten auf. Verzurren Sie die Matten-Rollen an jedem Ende mit einem Seilchen. Legen Sie die Matten-Rollen hintereinander oder nebeneinander. Wer mag darauf klettern, darüberkrabbeln oder -gehen?
- Bierdeckel, Teppichfliesen, Deckel von Schuhkartons können zu einem Weg hintereinander gelegt werden.
- Bretter und Latten werden zu schmalen Stegen.
- Wer geht über eine Turnbank ohne hinunterzufallen?
- Wer balanciert über mehrere Autoreifen?

Hinweis: Wenn das aufrechte Balancieren noch nicht klappt, so können sich die Kinder von älteren Kindern helfen lassen bzw. auch über Hindernisse krabbeln.

Kleine Lastenträger

Material: Bälle, Sandsäckchen, Tennisringe, Joghurtbecher, Luftballons, Küchensiebe

Die Kinder sollen Gegenstände von einem Teil des Raumes zum anderen transportieren, ohne etwas fallen zu lassen. Die Gegenstände befinden sich in Kisten oder Schüsseln (Bälle, Tennisringe, usw.). Markieren Sie den Zielort, an dem die Dinge abgelegt werden sollen (große Kiste, Ziellinie, Gymnastikreifen).

Variation 1: Lassen Sie die Gegenstände mit Hilfsmitteln transportieren (z. B. kleiner Ball in Joghurtbecher oder Küchensieb).
Variation 2: Ältere Kinder balancieren Gegenstände auf dem Kopf, auf der Handfläche bzw. dem Handrücken und umlaufen verschiedene Hindernisse.

Alles wackelt

Die Kinder stehen verteilt im Raum und bewegen sich dem Text entsprechend.

Wackelpeter, Wackelpeter	
wackel rum.	*Die Kinder wackeln mit dem ganzen Körper.*
Wackelpeter, Wackelpeter	*Dann gehen sie in die Hocke oder*
fall mal um!	*lassen sich zu Boden fallen.*
Wackelpeter, Wackelpeter	
steh wieder auf!	*Schließlich stehen Sie wieder auf*
Wackelpeter, Wackelpeter	
lauf nach Haus!	*und laufen durch den Raum.*

Variation (ab 3 Jahren): Nachdem die Kinder „zu Hause“ angekommen sind, versuchen sie ein Bein zu heben und kurz das Gleichgewicht zu halten. Dabei breiten sie vielleicht seitlich die Arme aus.

Wackelpeter, Wackelpeter,
heb ein Bein.
Wackelpeter, Wackelpeter
steh allein,
auf einem Bein.

Eine Seefahrt, die ist lustig

+2½

Material: 3 Turnmatten, eine große Weichbodenmatte (oder mehrere kleine weiche Matten), Tennisbälle, Turnstäbe (evtl. Regen-Rohre), Turnbank o. Ä.

Verteilen Sie Matten im Raum. Das sind Boote, die gleich in einen kräftigen Sturm kommen. Damit es so richtig wackelig wird, legen Sie verschiedene Gegenstände unter die Matten.

- Boot 1 bekommt viele Tennisbälle untergelegt.
- Boot 2 erhält rollende Gymnastikstäbe.
- Boot 3 bekommt Regenrohre. Jetzt gibt es noch einen riesigen Ozeandampfer. Dazu wird eine Turnbank auf eine Weichbodenmatte gestellt. Die Kinder besteigen nun ihre wackeligen Boote (drüber krabbeln, darauf stehen, gehen oder sitzen).

Variation 1: Ältere Kinder schieben die Boote etwas an bzw. bewegen sie hin und her, damit es so richtig wackelig wird.
Variation 2: Bauen Sie ein großes „Meer". Verteilen Sie Kissen, Matten, Polster, Decken usw. auf dem Boden. Legen Sie mehrere Decken oder ein großes Schwungtuch darüber. Wer möchte mal „schwimmen" (drüberkrabbeln und -laufen)?

Reifen-Karussell

+2

Material: Gymnastikreifen (bei der Variation ca. 8–10 Reifen)

Die Spielleitung und alle Mitspieler fassen mit einer Hand den Gymnastikreifen an. Auf diese Weise gehen sie im Kreis herum. Nun beschleunigen die Kinder das Tempo. „Klingeling!", ruft die Spielleitung und das Karussell bleibt stehen.

Variation: Legen Sie viele Reifen nebeneinander auf den Boden, sodass sie einen Kreis bilden. Die Kinder bewegen sich ringsherum, indem sie von Reifen zu Reifen gehen oder hüpfen oder außen herumlaufen. Wer stellt sich in einen Reifen und dreht sich um die eigene Achse?

Wackelbrett Marke „Eigenbau"

+3

Material: runde, stabile Holzscheibe (Durchmesser ca. 50 cm), 3 Tennisbälle (evtl. Bohrmaschine mit Lochsäge-Aufsatz), Bleistift, langes Lineal
Für die Variation: Wärmflaschen, Luftmatratze, Kissenbezug, Luftballons, Schaumgummiwürfel oder Schwämme, Schlauchboot

Vorbereitung: Mit Bleistift Mittelpunkt der Holzscheibe markieren. Linie durch den Mittelpunkt von Rand zu Rand zeichnen. 3 Löcher sägen (Durchmesser 5 cm):

- eines in der Mitte,
- eines rechts (5–6 cm vom Rand)
- eines links (5–6 cm vom Rand).

Stecken Sie nun die 3 Tennisbälle in die Löcher, drehen die Platte um und schon kann die Wackelei beginnen: Legen Sie ein breites Kissen auf das Brett. Wer möchte sich mal daraufsetzen und wippen? Wer versucht es mal bäuchlings? Große Kindergartenkinder stellen sich auf das Brett (ohne Kissen) und versuchen, das Gewicht von einem Bein auf das andere zu verlagern. Ein Erwachsener kann zunächst mit Festhalten unterstützen.

Variationen (ab 2 Jahren):

- Wärmflaschen mit kaltem Wasser füllen und fest verschließen. Darauf kann man sitzen oder knien und vielleicht sogar stehen und wackeln.
- Auch eine Luftmatratze kann zu einer wackeligen Unterlage werden.
- Ein wackeliges Gefühl für den ganzen Körper entsteht, wenn Sie einen Kissenbezug mit aufgeblasenen Luftballons oder Schaumgummi-Würfeln bzw. Schwämmen füllen. Wer möchte sich mal darauflegen?
- Ein Schlauchboot aufpumpen und innen eine oder mehrere Luftmatratzen legen. Wer steigt ins Boot und balanciert?